大杉　栄

大杉　栄

・人と思想

高野　澄 著

91

CenturyBooks　清水書院

はじめに

この本は最後まで読みとおしてもらうことを期待していない。

大杉栄の言葉や文章を、できるだけたくさん紹介していくつもりだから、「オオ、これは……」と感じた言葉や文章に出会ったら、この本は放りだし、そっちのほうに走っていってほしい。

大杉の言葉はじつにやさしい。

やさしいために、かえってわかりにくいかもしれないと心配するくらいだ。

で、わからなくなったら、この本に帰ってくればいい。

大杉の言葉や文章は、わかりにくいのか、どうか、まずサンプルを示そう。大杉といえばこれを連想する人がおおく、わたしもまた大好きな言葉のひとつだ。

> 「僕は精神が好きだ。しかしその精神が理論化されると、大がいは厭《い》やになる。理論化という行為の間に、多くは社会的現実との調和、事大的妥協があるからだ。まやかしがあるからだ。
>
> 精神そのままの思想は稀《ま》れだ。精神そのままの行為はなおさら稀だ。（略）
>
> 社会主義も大嫌いだ。無政府主義もどうかすると少々厭やになる。

僕の一番好きなのは人間の盲目的行為だ。精神そのままの爆発だ。
思想に自由あれ。しかしまた行為にも自由あれ。そしてさらにはまた動機にも自由あれ。」

これは「僕は精神が好きだ」というタイトルで、大正七（一九一八）年の雑誌「文明批評」二号にのったものだ。

この雑誌を図書館でみようとしても手間がかかるから、『大杉栄全集』をみるのが便利だ。『全集』には昭和元（一九二六）年のアルス版（全一〇巻）と昭和四〇（一九六五）年の現代思潮社版（全一四巻）の二種類がある。大学や自治体の図書館なら、どちらかの全集があるだろう。

「僕は精神が好きだ」は現代思潮社版全集では第一四巻におさめられている。この巻には短文がおさめられているのだが、たとえば「新しい女」という文章に目がふれ、ちょっと読んでみると、大杉の女性論がじつに新鮮な輝きをはなっているのに気づくだろう。

「僕はいわゆる新しい女に対して、半ば同感すると同時に、また半ば反感する。
いわゆる新しい女とは、征服階級の男の玩弄品《がんろうひん》たる地位から、一躍し征服階級の直接の一員たらんとする女である。
彼女等の自覚とは、要するにここまでの自覚に過ぎない。真に人としての自覚ではなく、征服階級の人としての自覚に過ぎない。彼女等の自覚は、自己と周囲との関係をわずかに征服階級の世界に限った自覚である。彼女等は未だ自己の周囲に男女の被征服階級が存在することを知らない。

真に新しい女は、いわゆる婦人問題などをあまり口にしない。いわゆる婦人運動にはあまり係わらない。ルイズ＝ミシェルもエンマ＝ゴールドマンもヴェラ＝フィグネルも、ついにフェミニズムには与からない。彼女等は真に人たるべく、何よりも先に高等教育や高等職業やまたは参政権を要求しない。彼女等はまた、特に自己完成を、何よりも先に強調することをしない。彼女等は男の力を借りないことを誇りとするほど幼稚ではなかった。彼女等は自ら進んで男の群に投じた。また彼女等の群に男が投じて来るのを喜んで迎えた。

真に新しき彼女等は、自己と自己の全周囲との関係を自覚したのであった。」

大正時代に「新しい女」と自称する女性たちがあらわれ、「女性は太陽であった」を合言葉に活躍したのはひろく知られている。

現代もまた、各分野において女性の社会的進出がはげしい。

男性に負けるな、という姿勢の女性もおおく見かけるのだが、そういう傾向についてすでに大杉は七〇年も前から批判してした。男という既成の征服階級に加入するだけのことだ、という理屈である。

「僕は精神が好きだ」と「新しい女」を読めばすぐに大杉が好きになる——そう簡単にはいかないだろうが、興味はでてくるはずだ。そうしたら、この本を放りだしてしまえばいいのである。

自由への渇望

「僕は精神が好きだ」を書いたときの大杉は三三歳だった。

いまの日本に、三三歳という年齢で、これほど率直な文章を書く人はめずらしい。三三歳なら、もうすこし手のこんだ文章を書くべきだというのが現代の常識というものだろう。

さて、「無政府主義もどうかすると少々厭やになる」という部分に注目してほしい。

無政府主義とは何か――それを理解してもらうのもこの本の狙いのひとつだが、それは後回しにして、大杉は日本の無政府主義思想家のうちで、もっとも高いレベルに達した人である。大杉を言わずに日本の無政府主義の歴史を語ることはできないのである。

そういう大杉が「無政府主義も厭やになる」という。

矛盾という言葉を絵にかいたようだ。

つまり大杉は、精神の発露としての無政府主義が好きなのであって、理論化された無政府主義は嫌いだといっている。

無政府主義は理論化されたらダメになってしまう、ということでもある。

「思想に自由あれ。行為にも自由あれ」――これくらいまでなら、言ったり書いたりする人はいるだろう。

しかしそのつぎの「動機にも自由あれ」となると、どうか？

人間が何かやって失敗すると、「動機は純粋だったのだから……」という弁護の言葉がいわれる。

美しい言葉のようだが、これを裏がえすと、純粋でない動機によって失敗したら誰も弁護しないということだ。「良い動機」と「良くない動機」との差別がある。

それでは人間の自由はない、と大杉は叫ぶのである。

大杉は何よりも自由を大事にした。

「自由」という言葉に、全身が焦げるようなあこがれをもっていた。

自分が自由になるためには、社会全体が自由にならなければならない。

そうなるための手段としては無政府主義がもっとも適当だ、と大杉は判断した。無政府主義は手段であって目的ではない。

ここで簡単に、無政府主義とはなにか、について書いておこう。

無政府主義とは何か――読者にもだいたいの見当はついてきたはずだ。

人間は法律や秩序といったものがなくてもやっていけるはずだ。いや、そういうものは人間が自由な社会をつくるのを妨害するだけだから、破壊してしまおう――そのように考え、そのように行動する、それが無政府主義だ。

二〇世紀にでてきた新しい思想ではない。

無政府主義を「アナキズム」ということがある。語源は、無秩序とか無統制の状態をしめす「アナルシイ」というラテン語らしい。初期のキリスト教のなかにもアナキズムの精神があったとか、中国の老子の思想にもアナキズムの傾向が濃厚だといわれることもあり、人間にとって懐かしく、貴重なもののひとつだ。

アナキズムの反対の思想を一括して権力思想とよんでおこう。

人間は仕方のない動物である、放置しておくとろくな事をやらない——戦争・反乱・野蛮の横行。だから権力をつくり、国々の国土と法律を定め、親は子供を育て、教育し、違反者のための牢獄を準備し、違反しない者と隔離する——これが権力の思想だ。

そんなことは必要ない。人間が本当に人間であれば、盗みも放火も詐欺もなくなる——そう叫ぶのがアナキズムだ。

人はなぜ労働するのか?

権力の思想は、こう答えるだろう——国家や社会の一員としての義務である。

アナキズムの立場からは、こう答える——他人や自分のために物をつくるのは楽しいからであり、その能力をもっているからだ。

国家は、なぜ軍隊をもつのか?

権力の思想は、こう答える——他国勢力の侵略から国民をまもるためだ。

アナキズムは、こう答える——軍隊が自国の国民を最後までまもりぬいた例はない。自国の国民に銃をむけるとき、軍隊はもっとも得意な表情をみせるものだ。

労働者が主人公であるはずの社会主義の国なのに、なぜ労働者は自由を制限されるのか？　権力の思想は、こう答える――それこそ、どんな国家でも権力を必要とする証拠だ。アナキズムは、こう答える――労働者の革命を途中で殺した連中が権力をにぎったからだ。

「自分は自由であるか」――自問の必要

たいていの人が、「自由は大事である、自由はいいことだ」という。そのとおりだ。

だが、「お前さんはいま自由であるか？」と問われると、とっさに返答できる人は少ないだろう。

大杉栄は、自分が自由でないことを痛感していた。

だから彼は、もっと自由になろうとして奮闘した。そうして、友人はもちろん、見もしらぬ人にも、演説や文章をつうじて「もっと自由になりたい、諸君はどうか？」とよびかけた。

言葉や文章で大杉を知ることは、「諸君はいま自由であるか、自由になりたくないのか？」という質問に答えることである。いますぐに答えなくてもいいが、答える姿勢のようなものが、いつの間にかできてくるはずだ。

この本は二部構成になっている。

Iでは大杉の短い生涯を見ていくことを重点にしながら、思想の成長と変化の節々をたずねてみよう。

IIではテーマをいくつかにまとめて、彼の思想をより深い視点から見ていこう。

大杉は何度も牢獄に放りこまれた。そして「一犯一語」をモットーにして語学を勉強した。「一回の入獄のたびに一カ国語をマスターする」という意味だ。

実際に、だいたいはそのとおりに実行したのである。このことを紹介するのも、若い読者のためには役にたつかもしれない。

大杉の文章をたくさん読んでいただきたいというところから、この本ではかなり多くの文章を引用する。先にも書いたように『大杉栄全集』にはアルス版と現代思潮社版の二つがあって、アルス版は正(旧)漢字、旧仮名づかい、現代思潮社版は新漢字、新仮名づかいとなっている。読みやすさを考えて、新漢字、新仮名づかいの現代思潮社版から引用することにした。あまりにも現代風の文章なので、筆者のわたくしが現代語に意訳したのではないかとおもわれるかもしれないが、そういうことはまったくなく、数字などの表記を改め、現代の読者には読みにくいかとおもわれる部分に筆者の責任で仮名をふったほかは、すべてテキストのとおりである。

目　次

Ⅰ　大杉栄の生涯

社会主義の一兵卒

「僕は初めて新発田《しばた》の自由な空を思った。まだほんの子供の時、学校の先生からも遁《のが》れ、父や母の目からも遁れて、終日練兵場《れんぺいじょう》で遊び暮らしたことを思った。

自由を欲しいと思った

僕は自由を欲したのだ。」

人生の転機について、『自叙伝』で大杉はこう書いている。

彼が『自叙伝』を書いたのは大正一〇（一九二一）年で、三六歳のときだった。

ふつう自叙伝というと、功なり名とげた者が長い過去をふりかえり、満足気に語るものだ。ときには、若干の苦い反省をこめて。

ところが大杉は三六歳という若さで『自叙伝』を書いた。書かねばならぬものがあったからである。

大杉は明治四一（一九〇八）年に千葉監獄に放りこまれた。二三歳である。罪名は「官吏抗拒《こうきょ》罪・治安警察法違反」で、その原因となった事件を「赤旗《あかはた》事件」という。聞くだけでも恐ろしい名前の法律や赤旗事件のことは先にいってから触れるが、要するに政府に反抗した罰だ。

二年半で出獄したが、社会主義者にたいする警戒はきびしい。

「僕は(牢獄を)出たが、どうせ当分は政治運動や労働運動は許されもすまいから、せめては文学にかこつけて、平民文学とか社会文学とかの名のつく文学運動をやって見ようかと思った。そしてその手始めに、自分の幼少年時代の自叙伝的小説を書いて見ようかと思った。軍人の家に生まれて、軍人の周囲に育って、そして自分も未来の陸軍元帥といったような抱負で陸軍の学校にはいった、ちょっと手に負えない一腕白少年が、その軍人生活のお蔭で、社会革命の一戦士になる。というほどのはっきりしたものではなくとも、とにかくこの経路をその少年の生活の中に暗示したい。少なくとも、少年時代のいっさいの腕白が、あらゆる権威に対する叛逆、本当の生の本能的生長のしるしであったことを、書き現して見たいと。」(『続獄中記』)

政治上の主張はできない、労働運動もできない。ならば、自分はなぜ権威と権力に反抗する人間になったのか、その成長の経路を書くことで主張しなければならない——これが『自叙伝』を書こうとした動機である。

過去の、単なる描写ではない。

自分はいま、本当の自分というものを掴みかかっている。本当の自分を掴めずにいる人々にその確信をしめすことで、確信をよりいっそう確固たるものにしたい、そういう主張の発表なのである。

『自叙伝』改造社版1923(大正12)年刊行

余談になるが、日本の文学では自伝や自叙伝というもののジャンルが稀薄だった。明治になるまでは、六代将軍徳川家《いえ》宣《のぶ》の顧問をつとめた儒学者新井白石《あらいはくせき》の『折りたく柴の記』があるくらいだ。

明治になったら自伝文学の花がひらいた、というわけにもならなかったが、それでも読むにたえる作品はでてきた。近代三大傑作自伝文学というと、まず福沢諭吉の『福翁《ふくおう》自伝』、つぎに内村鑑三の『余は如何《いか》にしてキリスト教徒になりしか』があげられ、そのつぎに大杉の『自叙伝』をあげる人がおおいのである。

なぜ、そんなに面白いのか——読んでみればわかる、というしかないものの、大杉の『自叙伝』の面白さはテーマが鮮明だというところにあるだろう。テーマが鮮明で、大杉の筆がテーマをこなすだけの力をもっていたということだ。

これから『自叙伝』を材料にして大杉の前半生をのぞいてみよう。くりかえすが、テーマは「自由」である。

父と母のこと

大杉の父は職業軍人であった。将校に出世したが、士官学校を出たわけではなく、志願兵からはじめて刻苦勉励、ようやく将校にのぼりついた人である。当時の陸軍では、そういうタイプの人を「精神家」とよんでいたそうだ。大杉の父の東は、まさにその「精神家」だった。ホラをふかない、生真面目一本槍の人だ。

大杉は香川県の丸亀《まるがめ》でうまれたが、父の転任にしたがって新潟県の新発田にいった。大杉が「故郷」という言葉で連想するのは新発田である。三人の弟、五人の妹の長男。

乱暴で残忍な性格の少年だった。

新発田の町は二つにわかれていて、少年は二組にわかれて喧嘩をした。大杉が一方のボスになったのは父が連隊の将校だという理由もあるが、それよりもとにかく喧嘩が強かったからだ。

「両方で懐にうんと小石をつめこんで、遠くからそれを投げあっては進んでいった。どうしたのか、敵の方が早く弾丸がなくなって、そろそろ尻ごみをはじめた。僕はどしどし詰めよせて行った。敵は総敗北になったが、ちょん髷《まげ》先生ただ一人、ふみ止まって動かない。とうとうみんなでそいつをおっ捕《つか》えて、そばのお濠の中へほうりなげて、凱歌をあげて引きあげた。」

猫や犬をみると、手あたり次第に殴り殺していた。

あるとき、一匹の猫をなぶり殺した。

気分がわるくなって家にもどり、夕食もそこそこに寝てしまう。心配した母が布団のそばでみていたら、大杉はとつぜん起きあがり、妙な手つきをしたかと思うと、「ニャア」と鳴いた。

母は、どうしたか。

「猫の精なんかに負けちゃ大変だと思って、一生懸命になって力んで、『馬鹿ッ』と怒鳴ると一緒に平っ手でうんと頰ぺたを殴ってやったんです。すると、それでもまだ妙な手つきをしたまま、目をまんまるく光らしているんでしょう。私も堪《たま》らなくなって、もう一度、『意気地なし、そんな弱いことで猫などを殺す奴があるか、馬鹿ッ』と怒鳴って、また頰っぺたを一つ、ほんとうに力一杯殴ってやったんです。それで、そのまま横になって、ぐうぐう寝てしまいましたがね。ほんとうに私、あんなに心配したことはありませんでしたよ。」

大杉は、どうしたか。

「母はよくこう言って、その時のことを人に話した。そして僕は、その時以来、犬や猫を殺さないようになった。」

大杉は、母を愛していた。

母は大杉をよく叱った。

いたずらがばれると、母は大杉に「箒《ほうき》をもっておいで！」と命令する。箒で大杉を叩くのだ。大杉は仕方がないから、台所から大きな柄のついた箒をもって母の前にたつ。

それについて、母はよく人に語ったものだった。

「ほんとうにこの子は馬鹿なんですよ。箒を持って来いって言うと、いつも打たれることが分かっていながら、ちゃんと持って来るんですもの。そして早く逃げればいいのに、その箒をふりあげてもぼんやりとして突っ立っているんでしょう。なお癪にさわって打たない訳には行かないじゃありませんか。」

打たれる大杉のほうは、母の「馬鹿なんですよ」を内心得意におもっていた。「箒だって痛かないや。それに、打たれるからって逃げる奴があるかい。」

屈折する母と子の愛情だ。

この母の豊《とよ》は、大杉が一七歳のときに死んでしまう。

母が大杉を叱るのは、大杉の吃音《きつおん》のせいでもあった。

「『また吃《ども》る』

生来の吃りの僕をつかまえて、吃るたびにこう言って叱りつけるのだ。せっかちの母は、僕がぱちぱち瞬きしながら口をもぐもぐさせているのを、黙って見ていることができなかったのだ。そして『たたたた……』と吃り出そうものなら、もうどうしても我慢できなかったのだ。

そしてこの『吃った』ばかりで、横っ面をぴしゃんとやられたことが幾度あったか知れない。」

正確に発音しようとすればするほど緊張して、かえって吃ってしまい、それでまた苦しむ。大杉は死ぬまで、いや関東大震災のときに憲兵隊につかまって虐殺されるまで吃音はなおらなかった。

大胆なのに内気でもあるという矛盾した性格は、たしかにこの吃音のためでもあったろう。思うことを思うように話せない、それが大杉の率直で歯切れのいい文章の秘密でもあった。

できたばかりの新発田中学校にはいったのが一二歳、明治三〇（一八九七）年だ。その四年前、アジアで最大最強の清帝国を相手に戦争をいどんだ日本は予想外の大勝利をおさめ、国民は勝利に酔いしれた。ところが、講和の直後にロシア・フランス・ドイツのヨーロッパ列強から干渉があって、獲得したばかりの利権のかなりの部分を手放さなければならなくなり、政府と国民は「臥薪嘗胆《がしんしょうたん》」を合言葉として富国強兵の道をすすみだした。

自我にめざめる

しかし、富国強兵政策によって労働者は犠牲を強いられる。劣悪な条件での長時間労働と低賃金である。日本が富国強兵の道をすすむかぎり、労働者の生活は加速度的に苦しくなる。その傾向がはっきりしてきた。

欧米先進国の労働運動の様子を知った知識人たちが先頭にたって、日本にも労働運動がはじまろうとしていた。大杉が中学校にはいった明治三〇年には、労働組合をつくる助産婦の役目をはたす目的で、「労働組合期成会」がうまれ、はやくも最初の労働組合の「職工義勇会」が誕生した。労働組合ではないが、栃木県の足尾《あしお》銅山から流れだす鉱毒に田畑を荒らされた農民が操業停止をもとめて請願運動をはじめたのもこの年である。

日本が富国強兵の道をすすむことのマイナスの面を押しつけられるだけの労働者のなかに、のちの大杉は飛び込んでいく。労働者のなかにこそ、真の自由をもとめる、愛する友達が生まれてくるにちがいない、いや、そうでなくてはならん、と考えたからだ。

しかしまだ、大杉少年の関心は、その方面には向いていない。下級生と義兄弟の約束をしたりして、大人になる準備をしていた。義兄弟の約束ぐらいならいいが、当時の中等学校には〝男色《だんしょく》〟の風習があって、これにつかまると厄介なことになる。いわゆるホモだ。大杉もホモの誘惑につかまってしまうが、それは中学のあとの陸軍幼年学校にはいってからのことだ。

中学では柔道が強くなった。その柔道の先生が、特別に棒術をおしえてくれた。

「そこではまた棒も教わった。縄も教わった。棒はことにお得意だった。今でもまだ棒が一本あれば二人や三人の巡査が抜剣して来たところで、あえて恐れないくらいの自信がある。」

関東大震災のときに憲兵隊につかまり、虐殺されてしまったのは、大杉のこの棒術過信ゆえではなかったか、とみる人もいる。

倫理の時間で教師が、「理想の人物の名をあげよ」といった。

大杉は、最近伝記を読んだばかりの西郷隆盛の名をあげた。

すると教師が、「西郷は偉大な人物だが天皇に弓をひいた謀叛人だ。いくら偉大でも、謀叛はゆるされるものではない。謀叛人を尊敬するとはもってのほか」と言った。

反抗心がムラムラと起こってきた。

「僕が読んだ本では、彼の謀叛は陛下に弓を引いたのではない、いわゆるその何とかの下にかくれている姦臣《かんしん》どもを逐い払うための謀叛だとあった。僕もそう信じていた。しかし先生にそう言われてからは、そんなことはもうどうでもよくなった。許されようが許されまいが、そんなことはもう問題ではなくなった。とにかく彼は偉かったんだの一点ばりになった。そして家へ帰ってまた西郷南洲伝を読み返して彼をすっかり好きになってしまった。」

自意識がめざめてきたのである。

自意識のめざめとともに、優しい心根もみえてくる。

年下の遊び友達に「虎公《とらこう》」がいた。お婆さんと暮らしていて、貧乏である。小学校をおわり、どうしても中学に入りたがっていた。だが事情は、中学どころではない。

大杉は名案をおもいついた。教科書は大杉の古いのを使い、虎公は伯父さんに月謝だけ出してもらえばいい、という案だ。

虎公は目をかがやかして家に帰ったが、やがて目を泣きはらしてもどってきた。教科書ぐらいで解決のつく事情ではなかったのだ。函館の商店の小僧となるのが虎公の運命だった。

「僕は虎公のこの運命をどうともすることができなかった。二人は相抱《あいかか》えて泣いた。そして僕は大将になるから、君は大商人になり給えと言って、永久の友情を誓った。

虎公と僕は記念の写真を撮った。そして僕は母にねだって、暖かそうなフランネルのシャツとズボン下を作ってもらって、それを餞別に送った。

僕は大将になり損ねたが、虎公ははたしてどうしているか。」

煩悶と疑惑の日々

陸軍幼年学校の入学試験には一度失敗したが、二度めには合格して、一四歳で名古屋の陸軍幼年学校にはいった。父のあとをつぐかたちで軍人になる、その途を行こうと漠然とおもっていたのである。

幼年学校から士官学校へいき、はじめから少尉として軍人生活にはいる。それは学歴のないことで苦しんだ父が子供に託す、なによりの希望であったのだ。

幼年学校になると、仲間との喧嘩も指導士官のいじめも本物になってくる。

北川という大尉は、大杉にたいしてははじめから高圧的だった。

あるとき北川大尉は生徒を整列させて、今日の月は上弦か下弦かという質問をした。その日が下弦だということはわかっているが、吃音者にとってカ行は苦手である。しかもそれが「カゲ」と二つもつづく。

「上弦ではありません」

大杉はそう答えるしかなかった。

それが北川の怒りを誘う。

「上弦ではありません」

「だから、何だ？」

それを繰り返すしかなかった。

北川大尉の大杉にたいするいじめはますます陰険になった。ほかの士官のなかにも大杉を痛めつけてよろこぶ者がでてきた。

修学旅行で奈良にいった晩、大杉は下級生の寝室を襲った。男色の実行である、男にたいする男の強姦である。それを士官に見つかった。

退学になっても仕方のないところだが、大杉がうけた罰は三〇日間の禁足だった。

「僕はこの懲罰がどうしてあんなに僕を打撃したのか、よく分からない。僕は生まれて初めて、そして恐らくは絶後であろうと思うが、本当に後悔した。三〇日間の禁足をほとんど瞑想に暮らした。そして従来の生活を一変することに決心した。」

軍人になる途をこのまま歩くことに懐疑がおこってきた。

「下士《かし》どもの僕に対する犬のような嗅ぎまわりは、僕の改心に何の頓着もなく続いた。そして時々やはり、何かの落度を見つけた。僕はまず、はたしてこの下士どもの下に辛抱ができるかと思った。彼等を上官として、その下に服従して行くことができるかと思った。尊敬も親愛も何も感じていない彼等に、その命令に従うのは、服従ではなくして盲従だと思った。そしてこの盲従ということに気づくと、他の将校や古参に対する今までの不平不満が続々と出て来た。」

このつぎに、いちばん最初に紹介した文章がつづく――「僕は初めて新発田の自由な空を思った」と。

夏休みがおわると、また凶暴な青年にもどってしまった。ナイフをにぎる四、五人の敵と渡り合って三カ所に傷をうけた。大杉もよく研いだナイフをもっていたのだが、それをつかえば相手を殺してしまうとおもい、つかわなかった。

ナイフをにぎる敵、それはただの敵ではない。陸軍幼年学校という権威がそのナイフにはかかっていたのである。

ナイフをにぎる敵に歯向かっていったのは権威への挑戦でもあった。

新発田から父がかけつけ、退学届をだして二人でもどった。自主退学の願いは認められず、放校処分になったのである。

こうして大杉は、はじめて自分の力で自由を獲得した。戦って獲得したというところに、後年の大杉の自由獲得にたいするはげしい行動の萌芽がみられる。

軍国主義反対に共鳴

新発田の家では、「兄さんは少し気が変なんだからね」という具合で家族からは敬遠されていたが、大杉はそれを利用して、ゆっくりとした時間をすごしていた。

「僕の前には、新しい自由な、広い世界がひらけて来たものだ。そして僕の頭は今後の方針ということについて充ち満ちていた。

学校での僕のお得意は語学と国漢文と作文だった。そして最近では、大がい学課はそっち除《の》けにして、前にも言ったように当時流行のロマンティックな文学に耽っていた。そして僕はその作物や作者の自由と奔放にひそかに憧れていたのだ。」

まず中学卒業の資格をとり、高等学校にはいって大学にいく、大学では文学をやると方針をきめて父に相談したが、

「文学は、ちょっと困るな。」

青白い顔をしてブラブラあそんでいる、それが文学者だというのが常識だったから、「ちょっと困るな」という父の反対も当然ではある。

それでは語学をやると方針を変更すると、父も母もよろこんで賛成してくれた。当時の軍隊、とくに田舎の軍隊では語学熱がさかんだったのである。

新発田から東京にでて、中学五年編入の試験をうけるために東京学院にはいったのが明治三五年、

一七歳の年だ。東京学院は予備校である。

何もかもわすれて、昼も夜も夢中で勉強した。『自叙伝』の、このあたりの描写はいかにも希望にあふれた青年の、嬉々としてはげむ毎日だ。

「僕はただ僕自身にだけ責任を持てばよかったのだ。そして僕はこの自由を楽しみながら、僕自身への責任である勉強にだけただ夢中になっていた。」

他人から見てさえ、これは楽しい。大杉のために拍手喝采をおくりたくなる。

東京に出てから大杉は「万朝報《よろずちょうほう》」という新聞を購読していた。購読料がいちばん安いという単純な理由からである。

名古屋の学校は陸軍の学校で、新聞を読むのは禁止されていたのだ。陸軍の学校がなぜ生徒に新聞を読むのを禁止していたのか、その理由はまさに陸軍の学校だったからだというしかない。軍人になる教育をうけている青年が新聞を読むと、世間のことや真理といったものに目がひらき、軍隊の存在に批判的な目をもつようになる。それは困るから新聞を読ませない、というわけだ。

つまり、世間のことを知り、真理を大事にする青年の批判的な視線をあびたら存在が危うくなるのが軍隊であることを、軍隊の幹部はよく知っていたということだ。

そういうわけで新聞を読んだことがなかったから、どういう新聞を読んだらいいのかわからない。そこでいちばん安い「万朝報」を購読していた。

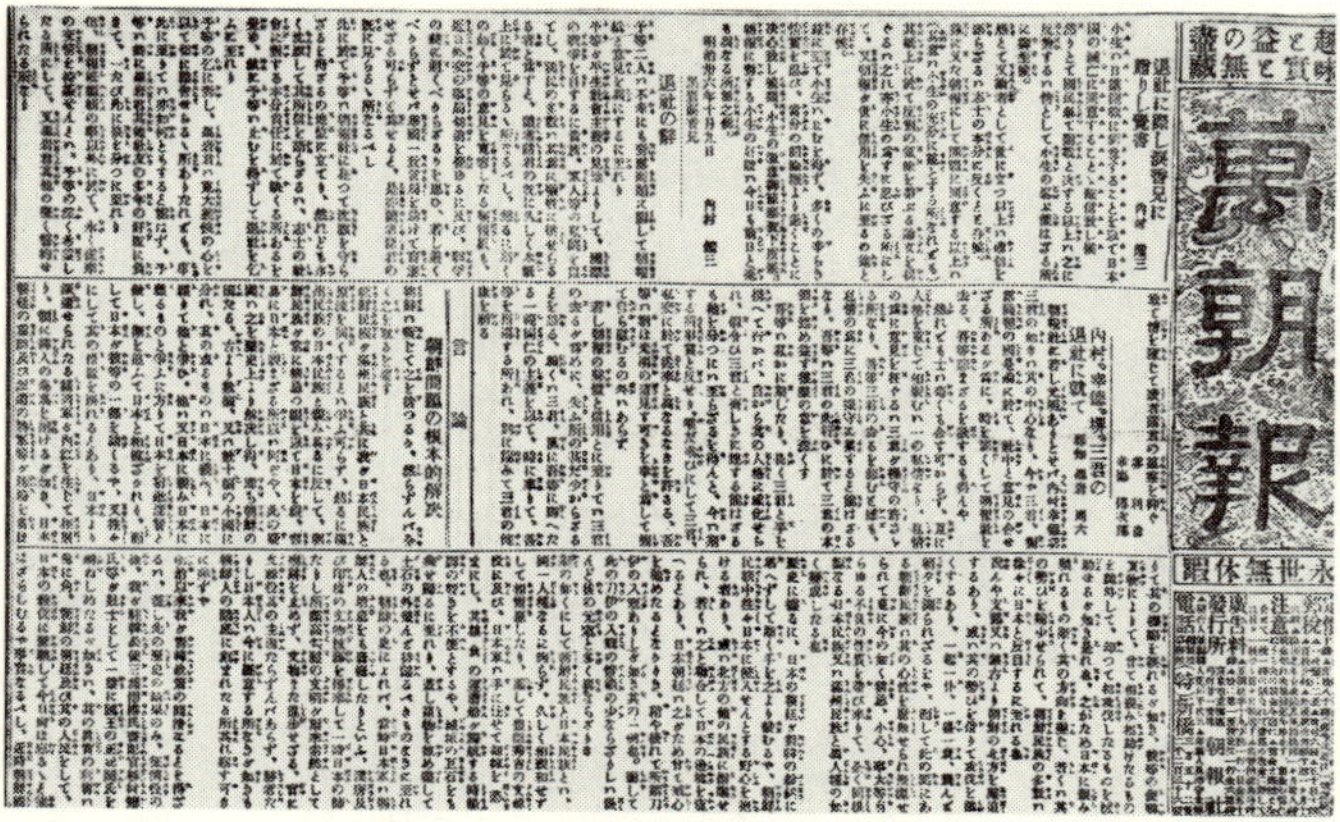
萬朝報

「万朝報」　（明治32年10月12日発行分より）

そのころの自分は社会のことには盲目状態だったと、大杉はいう。

「僕はこの万朝報によって初めて、軍隊以外の活きたいろんな社会の生活を見せつけられた。ことにその不正不義の方面を目の前に見せつけられた。

しかしその不正不義は僕の目には、ただ世間の単なる事物として映り、単なる理論としてはいったくらいのことで、それが僕の心の奥底を沸きたたせるというほどのことはなかった。それより僕はその新聞全体の調子の自由と奔放にむしろ驚かされた。そしてことに秋水《しゅうすい》と署名された論文のそれに驚かされた。」

万朝報は「よろずちょうほう――すべてのことに重宝」と読むのだが、「まんちょうほう」ともよばれていた。探偵小説家として人気のあった黒岩涙香《くろいわるいこう》が明治二五年に創刊したもので、社会の不正不義をはげしく攻撃する論調でおおくの読者を獲得していた。

黒岩涙香のジャーナリストとしての神経はするどかった。不正やスキャンダルの匂いをかぐと、食らいついて放さない。本名の周六《しゅうろく》をとって「まむしの周六」と怖がられた。

しかし「万朝報」がおおくの読者を獲得していた理由はスキャンダル攻撃だけではない。大杉がその名をあげた秋水こと幸徳《こうとく》伝次郎、堺利彦《としひこ》そして内村鑑三《かんぞう》といった良心的で急進的な筆者を論説陣にむかえ、軍国主義にたいしてきびしい批判をあびせていたからである。

このころ日本の政府や軍部はロシアとの戦争を準備していた。政府や軍部だけではない、日清戦争のあとで干渉をくわえてきた三国のひとつのロシアにたいする国民一般の憎悪は強かった。憎悪の背景には、強大な国力を誇示するロシアへの恐れがあったのだが、いまはすでに憎悪と恐怖とがないまぜになって、「ロシアをやっつけろ！」といった大合唱がおこっていた。

大杉が「万朝報」の非戦論に共鳴しはじめたころには、ほとんどの国民が日露戦争がおこることを、そしてロシアに勝つことを疑わない状態になっていたといって過言ではない。

そういう雰囲気のなか、「万朝報」は戦争反対の意見を叫びつづけた。国民全体のなかでは少数でしかないが、それでも「万朝報」の読者はひそかな拍手をおくって非戦論を支持していた。

堺と幸徳は社会主義者として名をしられていたが、大杉はむしろ軍国主義批判の旗手としての二人に興味をひかれたのだ。軍人の父をもち、つい先ごろまでは自分も軍人になろうとしていた大杉には自然なことだ。

「彼（秋水）の前には、彼を妨げる、また彼の恐れる、何ものもないのだ。彼はただ彼の思うままに、本当にその名のとおりの秋水のような白刃の筆を、その腕の揮《ふる》うに任せてどこへでも斬りこんで行くのだ。ことにその軍国主義や軍隊に対する容赦のない攻撃は、僕にとってはまったくの驚異だった。軍人の間に育ち、軍人教育を受け、そして軍人生活の束縛と盲従とを呪っていた僕は、ただそれだけのことですっかり秋水の非軍国主義に魅せられてしまった。」

すっかり興奮している。「秋水のなかに新しい、本当の『仲間』を見出した」とまで書いている。軍備を拡張してロシアとの戦争に備えるべし、いや軍国主義には反対だ、ロシアとは戦うべきではない――この問題のほかに、当時の青年のあいだでさかんに論議されていたのは栃木県谷中《やなか》村の足尾鉱毒事件だった。

明治三〇年にはじまった谷中村農民の操業停止の請願運動は、田中正造《しょうぞう》という熱血漢を指導者にえて、大規模な運動に発展していた。下宿の前を「谷中村鉱毒問題大演説会」と書いたのぼりをもって走っていく早稲田大学の学生の姿を、大杉はいつまでもおぼえていた。

幸徳秋水や堺利彦の文章、そして谷中村鉱毒事件の影響をうけて大杉は社会問題に目をひらいていく。学校で「貧富の懸隔を論ず」という文章を書いて、「自分だけは一ぱしの社会改革家らしい気分になっていた」ともいう。

しかし、彼が社会運動の現場に飛びこんでいくにはまだ間がある。卒業後どうするかは別にして、ともかく大学にはいらなければならないのだ。

進化論とキリスト教と

中学五年編入の準備をしているあいだに故郷新発田の母が死んだ。卵巣に腫瘍ができたのが死因だった。東京にでる大杉を玄関でみおくった母は、「まあ、あんなに嬉しそうに出ていく」といった。それが最後にきいた母の言葉になった。

東京中学と順天《じゅんてん》中学をうけ、自分で試験をうけた東京中学は失敗したが、替え玉に受験してもらった順天中学のほうは合格した。

順天中学の五年に編入したころから大杉青年の個性がはっきりした形をとるようになる。どんな伝記を読んでいても、いちばんスリルを感じるのは、その人が大物になってからのことよりは、その人の個性がかたまりはじめるときのことだ、大杉が大杉になる瞬間だ。

小説を卒業して、いくらか固い内容の書物に熱中する。矢野竜渓《りゅうけい》の『新社会』とか丘浅次郎《あさじろう》の『進化論講話』などである。とくに『進化論講話』の影響はつよかった。衝撃的であったといっていい。

「読んでいる間に、自分の背がだんだん高くなって、四方の眼界がぐんぐん広くなっていくような気がした。今まで知らなかった世界が、一ページごとに目の前に開けて行くのだ。(略)すべてのものは変化するというこの進化論は、まだ僕の心の中に大きな権威として残っていいたいろんな社会制度の改変を叫ぶ、社会主義の主張の中へ非常にはいりやすくさせた。」

このつぎの文章を大杉はカッコつきで書いている。

「何でも変わらないものはないのだ。旧《ふる》いものは倒れて新しいものが起るのだ。今威張っているものが何だ。すぐにはそれは墓場の中へ葬られてしまうものじゃないか。」

カッコつきの文章、それは大杉の叫びであったはずだ。若い身体のなかをかけめぐり、反響する叫び――「今威張っているものが何だ！」

進化論を知ったことは大杉を社会主義にちかづけただけではなく、生物学そのものへも道をひらいた。その後もずっと生物学への興味をすてない大杉は、進化論の祖のC・ダーウィンの『種の起源』、H・ファーブルの『昆虫記』『科学の不思議』を訳すという仕事をやったのである。

『昆虫記』も『科学の不思議』も部分的な翻訳でおわってしまった。三八歳で虐殺されたからであるが、生物学が好きだからちょっとだけ訳してみるか、といった安易な姿勢のものではなかった。『昆虫記』を訳しはじめたころ、変名をつかって岐阜に滞在し、名和《なわ》昆虫研究所で研究したことがあるそうだ。大杉はそのことをまったく書いていない。懸賞金はかかっていないものの、そのころの大杉は政府のおたずねものだ。大杉の昆虫研究に協力したというだけで関係者にどんな迷惑がかかるかわからないからだ。大杉の生きた明治、大正の日本は、それほど野蛮な警察国家だったのだ。

キリスト教の洗礼をうけたのもこの時期のことだ。

新しいものを、もっともっと知りたい――そういう要求が猛然とつよくなった結果のキリスト教との接触だ。

いくつか教会をまわって、海老名弾正《えびなだんじょう》の説教がいちばん気にいった。海老名の本郷《ほんごう》教会が下宿からいちばん近かったのも理由のひとつだった。

「とにかく僕は先生の雄弁にすっかり魅せられてしまった。まだ半白だった髪の毛を後ろへかきあげて、長い髯をしごいては、その手を高くさしあげて『神は……』と一段声をはりあげるそのいい声に魅せられてしまった。僕は他の信者等と一緒に、先生が声をしぼって泣くと、やはり一緒になって泣いた。」

この時期の大杉はまだアナキストにはなっていないが、社会主義にはかなり関心をもっている。そして社会主義とキリスト教とは、その原理からして矛盾する。

なぜかというと、キリスト教は魂や精神の問題がすべてであるという姿勢を根本とする。魂とか精神といったものをすべて神（イエス）の手と心に任せて、ほかのことはすべて解決ずみとするのがキリスト教である。

社会主義は、神にすべてを任せることに反逆するところからはじまった。職業や住居、食料といった物質的なものごとを大切に考えなければならないのではないか、という疑問からはじまったのが社会主義だ。疑問から実行にすすんだとき、神への反逆になる。

そこで、大杉がキリスト教の信徒になったのはおかしいではないか——こういう疑問をもつ人もいるはずだ。

問題は、社会主義やキリスト教にたいする姿勢である。

社会主義の思想を信奉する人がキリスト教を信奉する、これは矛盾だ。どちらか一方への信奉がウソか、あるいは両方ともウソか、ふたつにひとつだ。

この時も、これ以降も大杉は思想や宗教といったものを信奉はしなかったのである。アナキストではあるがアナキズムの信奉者ではない、社会主義者ではあるが社会主義を信奉しなかった。

あるものを信奉するということは、それをそっくりそのまま信じて、その通りに考え、その通りに行動するということだ。

大杉は、そうではなかった。

「はじめに」で最初に紹介した大杉の言葉、それには「アナキズムも、どうかすると、ときどき厭《い》やになる」というのがあった（3頁）。

大杉の姿勢は、これである。

あるものの信奉者なら、「ときどき厭やになる」なんていうことが起きるはずはない。

大杉はなによりも自由を大切にした。自分もふくめて全人類が自由になり、自由をまもる、そのことを自分の使命とした。

アナキズムは、そのための手段である。大杉が先で、アナキズムは後だ。アナキズムよりもっと有効な手段がみつかれば、躊躇せずにそっちに移る。信奉者なら「裏切り」という言葉が胸にうかんでおびえるところだが、大杉にはそんなことは起こらない。

大杉のキリスト教への関心は、やがて消えてしまう。だから問題にしなくてもいいわけだが、つぎの節でもういちど問題にする予定である。思想というものにたいする大杉の姿勢、それがより鮮明になるはずだから。

「一兵卒として」非戦論に参加する

順天中学を卒業して外国語学校のフランス語科にはいったのが明治三六（一九〇三）年、一八歳。つぎの年には日露戦争がはじまるのを覚えておいていただきたい。

幼年学校でフランス語をやったし、東京にきてからも夜間のフランス語学校に通っていたから、外国語学校のレベルの低さにはあきれた。ジャクレエという教師だけが熱心な授業をした。この教師の時間だけは出席して、あとの時間は自習にまわした。

世論の大勢は「ロシア討つべし」にうごいてきている。東京帝国大学の戸水寛人《とみずひろんど》など七人の教授が桂《かつら》首相に「対露開戦」を要求した。それには「ロシアが満州に侵入すれば、そのつぎに朝鮮に入ってくるのは火をみるよりも明らかである。朝鮮がロシアに屈伏すれば、その次がどうなるか、いうまでもない」といった主旨の強硬論がとなえられていた。

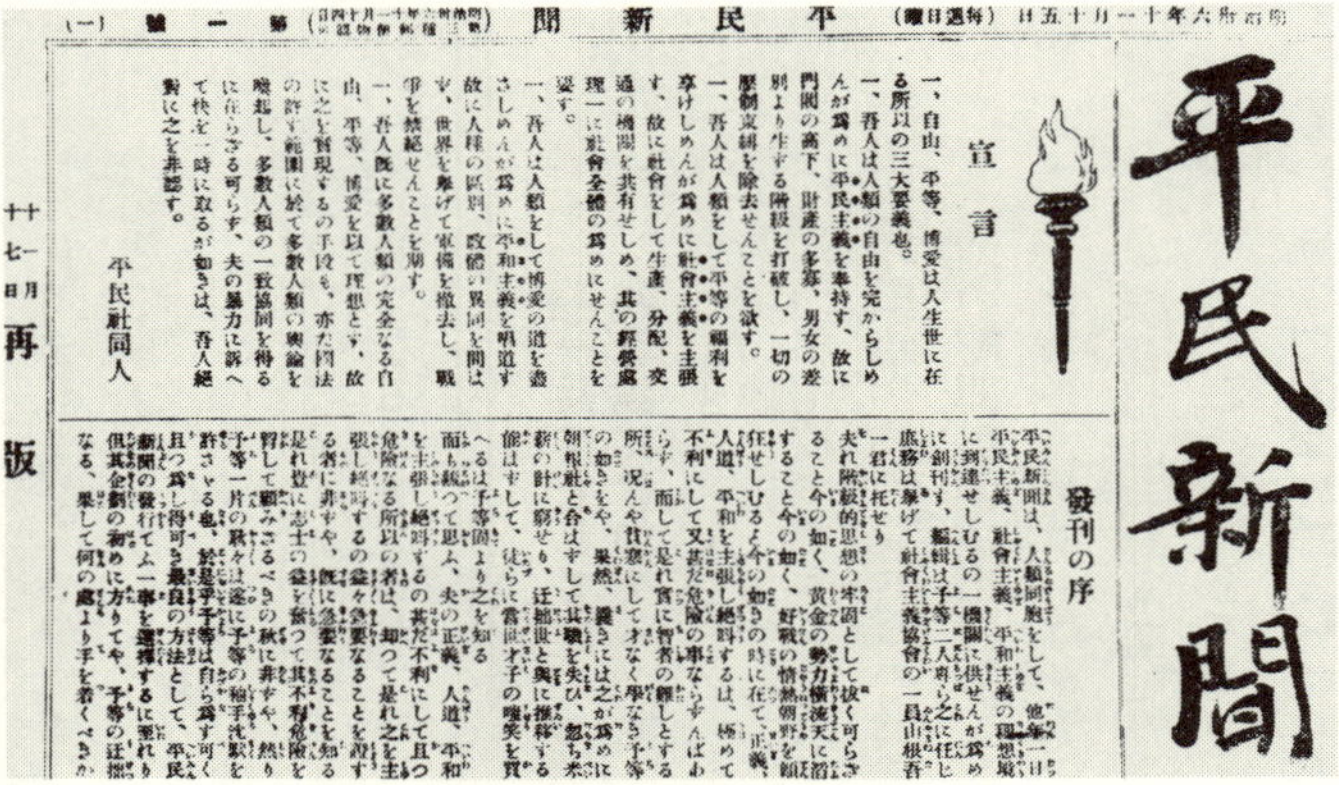

明治三十六年十一月十五日（毎週日曜）　平民新聞　第一號（一）

十一月十七日再版

平民新聞

宣言

一、自由、平等、博愛は人生世に在る所以の三大要義也。

一、吾人は人類の自由を完からしめんが爲めに平民主義を奉持す、故に門閥の高下、財産の多寡、男女の差別より生ずる階級を打破し、一切の壓制束縛を除去せんことを欲す。

一、吾人は人類をして平等の福利を享けしめんが爲めに社會主義を主張す、故に社會をして生産、分配、交通の機關を共有せしめ、其の經營處理一に社會全體の爲めにせんことを要す。

一、吾人は人類をして博愛の道を盡さしめんが爲めに平和主義を唱道す、故に人種の區別、政體の異同を問はず、世界を擧げて軍備を撤去し、戰爭を禁絶せんことを期す。

一、吾人既に多數人類の完全なる自由、平等、博愛を以て理想とす、故に之を實現するの手段も、亦た國法の許す範圍に於て多數人類の輿論を喚起し、多數人類の一致協同を得るに在らざる可らず、夫の暴力に訴へて快を一時に取るが如きは、吾人絶對に之を非認す。

平民社同人

發刊の序

平民新聞は、人類同胞をして、他年一日平民主義、社會主義、平和主義の理想鄕に到達せしむるの一機關に供せんが爲めに創刊す、編輯は予等二人專ら之に任じ庶務は擧げて社會主義協會の一員山根吾一君に托せり

夫れ階級的思想の牢固として拔く可らざること今の如く、黄金の勢力横流天に滔すること今の如く、好戰の情熱朝野を顚狂せしむること今の如きの時に在て、正義、人道、平和を主張し絶叫するは、極めて不利にして又甚だ危險の事ならずんばあらず、而して是れ實に智者の難しとする所、況んや貧寡にして才なく學なき予等の如きをや、果然、識者には之が爲めに朝報社と合はずして其職を失ひ、忽ち薪の計に窮せり、迂拙世と與に推移する能はずして、徒らに當世才子の嗤笑を買へるは予等固より之を知る

而も飜つて思ふ、夫の正義、人道、平和を主張し絶叫するの甚だ不利にして且つ危險なる所以の者は、却つて是れ之を主張し絶叫するの益々必要なることを證する者に非ずや、既に急要なることを知る是れ豈に志士の奮つて其不利危險を野して顧みざるべきの秋に非ずや、然り予等一片の耿々は遂に予等の袖手沈默を許さゞる也、於是乎予等は自ら爲す可く且つ爲し得可き最良の方法として、平民新聞の發行てふ一事を選擇するに至れり但其企劃の初めに方りてや、予等の迂拙なる、果して何の處より手を着くべきか

平民新聞発刊の辞

非戦論は少数派になった。

それだけに「万朝報」の非戦の論陣は貴重だったのだが、明治三六年一〇月一二日、とつぜん堺利彦と幸徳秋水の連名の「退社の辞」が掲載されたのである。

社主の黒岩涙香もよくがんばってきたが、限界にきた。日露の開戦を避ける途はなくなったと判断し、そのことを紙上で発表したのである。堺と幸徳の退社は、その結果である。内村鑑三の「退社の辞」も掲載され、非戦論者の総退却といった状況になった。

万朝報を退社した堺と幸徳は平民社をつくり、社会主義を主張し非戦論を宣伝する機関紙として「平民新聞《へいみん》」（週刊）を発行することにした。

東京の有楽町、いまは二つの巨大なデパートがならんで立っているあたりに平民社の事務所があった。一階に幸徳秋水と菅野《かんの》スガ子の夫婦が住み、二階を事務所にした。

新しい、大きな動きがこの事務所ではじまった。大杉が動かないはずはない。

「これまで僕は、それらの人とは、ただ新聞上の議論と、時に本郷の中央会堂で開かれた演説会での雄弁とに接しただけで、直接にはまだ会ったことがなかった。しかしこの旗上げには、どうしても一兵卒として参加したいと思った。幸徳の『社会主義神髄』はもう十分に僕の頭を熱しさせていたのだ。」

「どうしても一兵卒として参加したい」という表現に、軍人になるはずだった大杉の過去が投影されている。

はじめて平民社をおとずれたのは明治三六年の暮れの、雪のふった寒い晩のことだ。平民社では、座談会形式の「社会主義研究会」がひらかれていた。

その夜は宗教が議論されていた。

年輩と若いのと、二人が口角泡をとばして議論している。

「僕はその青年の口をついて出る雄弁には驚いたが、しかしまたその議論のあまりなオーソドクスさにも驚いた。僕も彼とはおなじクリスチャンだった。が、僕は全然奇蹟を信じないのに反して、彼はそれをほとんどバイブルの文句通りに信じていた。僕は神は自分の中にあるものと信じていたのに反して、彼は万物の上にあってそれを支配するものと信じていた。僕はこんな男がどうして社会主義に来たんだろうとさえ思った。そして無神論者らしい年とった男の冷笑の方にむしろ同感した。」

年配の男は久津見蕨村《くつみけつそん》といい、旧旗本の家にうまれた。旗本出身だけに教養はあり、独学で代言人（弁護士）試験に合格、もっぱら思想や教育問題を得意とする新聞記者をやっていた。『無政府主義』という著書もある。

青年は山口孤剣《こけん》といい、大杉より二年の年長。東京政治学校をでている。

神の存在についての大杉の考えかたがおもしろい。

大杉は「神は自分の中にある」と信じていたのに、山口孤剣は「神は万物の上にあり、万物を支配している」と信じていた。

自分の中に神はある、と大杉は信じていたのだが、そもそも自分の中にある神を信じるということが可能であるか？　いや、信じる必要があるのか？

孤剣のような姿勢なら、信じることは必要であり可能だ。なぜなら、神は高く遠いところにあるのだから信じるしかない。

大杉は自分の中にある神を信じていたのではなく、「神は自分の中にある」という、その考え方を信じていたのではないか。

大杉は孤剣のようには神を信じていない。

そして、神を信じる姿勢は孤剣のそれが本当だろう。つまり大杉は洗礼をうけてクリスチャンになってはいたが、クリスチャンとして神を信じていたのではない――こういう結論になる。

平民社では、宗教は個人の私事なりという雰囲気になっていた。平民社に出入りするクリスチャンの態度をみているうちに大杉は、まず宗教家という人間に懐疑をもち、そのつぎには宗教そのものに疑問がでてきて、日露の開戦が大杉と宗教の手をきらせた。

はじめて平民社をおとずれた夜は新顔がおおかった、雪がふって寒くもある。そこで堺が提案した——講演はやめにして、みんなの身の上ばなしや、どうして社会主義に興味をもつようになったのか、そんな話をしようではないか。

みんなが話した。

大杉の番になった。

「軍人の家に生まれ、軍人の間に育ち、軍人の学校に教えられて、軍人生活の虚偽と愚劣とをもっとも深く感じているところから、この社会主義のために一生を捧げたい。」

だいたいそういう意味のことをいった。社会主義者としての最初の発言だ。

最後に堺が立って、「われわれの理想とする社会の来るのも決して遠いことではない」と激励の演説をやった。

「僕はそう言われて見ると、本当にそんなような気がして、非常にいい気持になって下宿へ帰った。」

平民社の社会主義研究会は毎週ひらかれ、大杉は毎週出席した。そのほかの日でも、外国語学校

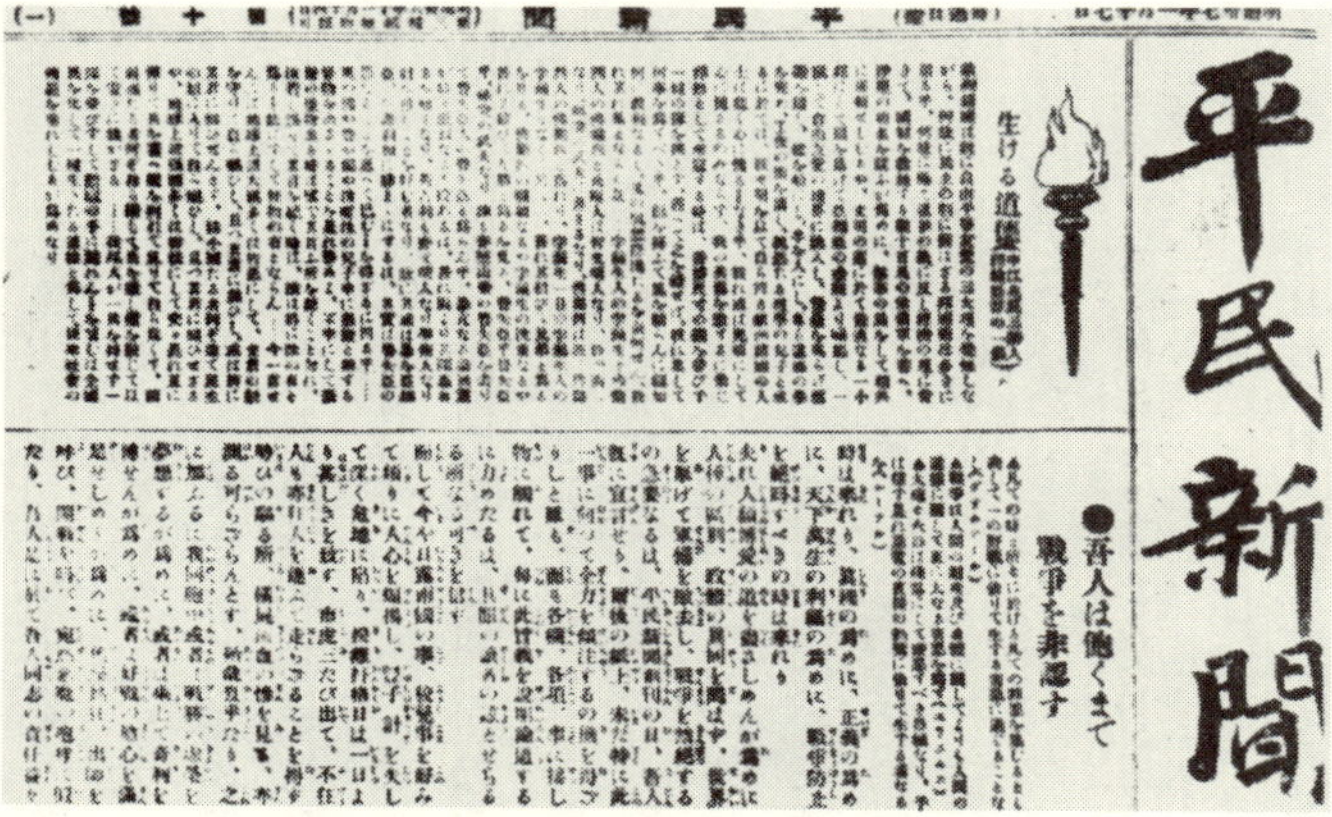
平民新聞

●吾人は飽くまで戦争を非認す

「吾人は飽くまで戦争を非認す」の記事（明治37年1月17日号）

にいく往復には平民社にたちより、新聞をおくる帯封を書く手伝いなどをして遊んでいた。

明治三七年二月一〇日、ついに日本政府は帝国ロシアにたいして宣戦したことを国民に布告したのである。

父の出征

大杉の父、大杉東《あづま》は日露戦争がはじまると後備混成旅団の大隊長として旅順《りょじゅん》に出征していった。大杉は、東京から出征する父の軍隊を上野駅でむかえた。

大隊を馬上で指揮する父の姿——

「こんなに壮烈な姿は初めて見た。ちょっと涙ぐましいような気分になった。しかし何だか僕には、父のその姿が馬鹿らしくもあった。『何のために、戦争に勇んで行くのか』と思うと、父のために悲しむというよりもむしろ馬鹿々しかったのだ」

最後の夜を大杉は、上野駅前の父の旅館ですごした。

父は「勉強しろ」とだけ言った。

何を話したいということもないようで、ただ顔を見ているだけでいいといった様子だった。勝つにせよ負けるにせよ、この戦争で古い日本はおわる。その戦争に父はでていく。古い日本にかわって生まれる新しい日本を代表するのが息子の大杉栄だ。上野駅前での父と子の別れは、新旧日本の別れでもあった。

大杉の『自叙伝』はここでおわっている。

『自叙伝』の執筆をおもいたったのは二五歳、じっさいに書きはじめたのは三六歳のときだから、三六歳のときのことまでを内容とするのは可能だった。そのほうが『自叙伝』にふさわしいともいえる。

だが、自分は平民社に参加し、父は日露戦争に出征していく明治三七年でおわることにやはり意味があった。時代のおわりとはじまりとが、鮮明な対比をみせるからである。

これから後のことは社会主義者、アナキストとしての戦いの報告のかたちをとって、『獄中記』『続獄中記』のタイトルで発表される。つまり、過去のこととしてではなく、現在進行中のこととして話されるのだ。

アナキズム――明治社会主義を越えるもの

大杉は少しずつ、社会主義者として活動をはじめる。

社会主義運動の先輩たち

日露戦争のはじまった明治三七（一九〇四）年の夏には名古屋へ旅行したらしい。名古屋には父の義弟の内田という人が、やはり陸軍の将校として赴任していた。その名古屋から平民社にあてて、つぎのように報告している。

「あの日午後九時三〇分、新橋《しんばし》を発車しました。途中大磯《おおいそ》あたりで広告と檄文《げきぶん》とを四、五〇枚乗客に配布しまして、なお最近号の『平民新聞』二枚を出し、端の方に〝どうぞ御覧になりましたらお隣の方へお廻し下さい〟と鉛筆で書きつけて隅の方におったお爺さんに渡しましたが、数時間の後には他の隅の方まで順々廻り尽くしました。」

名古屋へいく汽車のなかで平民新聞のことを広告し、新聞をよんでもらって社会主義と戦争反対の宣伝をやっている。初々《ういうい》しく、若い社会主義者の姿が目にみえるようだ。

「平民新聞」よりはいくらか穏健に社会主義の主張をする「直言《ちょくげん》」という新聞があり、大杉はこの「直言」に「社会主義と愛国心」という論文を翻訳してのせている。

しかし、それ以上のはげしい活動はしていなかったようだ。

このころ大杉は東京で、二〇歳ばかり年上の女と同棲していた。『自叙伝』にそう書いているのである。どういう女性なのか、まるでわからない。

一九歳の青年が三九歳ほどの女性と同棲している。どうということもないが、といって将来を誓いあっての同棲というものではなかったようだ。

大杉の先輩の堺利彦や幸徳秋水は、はげしく、しかも華やかに活躍していた。

「平民新聞」一八号に「露国《ろこく》社会党に与うる書」が掲載された。

幸徳が執筆したこの文章は、現にいま敵国になっているロシアの社会民主党にたいし、日本の社会主義者を代表するかたちで連帯の意志をあらわし、共通の敵は軍国主義と愛国心であるという大胆な認識を表明したのである。

議会制度のある日本は文明、議会のないロシアは野蛮とした規定には問題があったが、敵国社会主義者との連帯をよびかけたのは画期的なことだった。第一九号にこれが英訳されると欧米の社会主義勢力の機関紙に掲載されて、おおきな反響をよんだ。

半年後、オランダのアムステルダムでひらかれた万国社会党大会（第2インターナショナル）には日本社会主義者の代表として片山潜《せん》が出席し、ロシア社会民主党代表プレハーノフと演壇でかたい握手をかわした。

第2インターナショナルの執行委員　前列柱より4人目が片山潜。その右がロシア代表プレハーノフ。

大杉と同世代の者も活躍をはじめた。

横須賀の海軍工廠《こうしょう》で見習工としてはたらいていた荒畑寒村《かんそん》（勝三）は堺と幸徳の「万朝報」退社の辞や、それにつづく平民社の旗上げに感動し、平民社の横浜支社をつくった。荒畑は大杉より二歳若い。

戦費をつくるために政府は増税につぐ増税を国民に強制した。それを批判した幸徳の「嗚呼《ああ》増税！」がのった「平民新聞」は発売禁止になった。

平民社の経営は火の車で、社員は無給、事務所に泊まりこんで経費を節約しなければならなかった。

マルクス・エンゲルスの「共産党宣言」の翻訳をのせたことでついに「平民新聞」は発行禁止となった。最終号の全ページを真っ赤に印刷して廃刊した。その後は「直言」が平民社の機関紙となったが、それも維持できず平民社は解散することになった。

日露戦争は日本の勝利におわったが、ロシアから獲得したものの、あまりの少なさに国民は失望し、失望は怒りにかわった。軍費を補償させ、賠償金をとりあげ、韓国の処分権を日本の権利とし、鉄道の敷設権や遼東《リャオトン》半島の租借を認めさせる――これぐらいは当然とおもっていたのに、講和条約の内容が発表されると、サハリン島（樺太）の南半分が割譲されるだけとわかったのだ。

全国の各地で「屈辱講和反対！」をとなえる集会がひらかれ、東京では日比谷《ひびや》を中心にして、はげしく大規模な暴動がおこった。富国強兵が実現すれば生活はかならず豊かになると信じてきた国民大衆は、それが儚《はかな》い幻想であるのを悟ったのである。

日比谷の暴動に大杉が参加していたのかどうか、わからない。おそらく下宿にこもって勉強していたのだろう。

最初の入獄

明治三九（一九〇六）年に成立した西園寺《さいおんじ》内閣は社会主義のとりしまりをいくらか緩めたので、社会主義者は待望の社会党をつくることができた。これまで社会主義研究会や社会主義協会はつくられたことがあるが、政党をつくることはゆるされなかったのだ。

三九年一月二四日に三五名が東京京橋の平民病院にあつまり、日本社会党を発足させた。堺利彦、西川光次郎《こうじろう》、森近運平《もりちかうんぺい》といった人々が代表者で、「本党は国法の範囲において社会主義を主張する」というおだやかな党則をかかげて出発した。

社会党の代表者のなかに幸徳秋水の名がみられないのは重要だ。当時の幸徳は、社会主義のなかでは堺とならんで指導的な位置をしめていたのである。

なぜ幸徳が社会党に参加しなかったかというと、彼の思想におおきな変化がおこっていて、社会党の方針の穏やかさに満足できなかったからだ。

まだ平民社が解散しないころ、幸徳は「平民新聞」に「小学教師に告ぐ」という記事をのせた。それが「朝憲紊乱《ちょうけんびんらん》」というおそろしい名前の罪になり、軽禁固五カ月の刑をうけた。

獄中での読書と思索で、幸徳の思想は変わった。マルスク主義からアナキズム（無政府主義）への変化である。

マルクス主義とアナキズムとは、どうちがうのか、それはⅡでのメインテーマだ。いまはとりあえず、こう言っておこう——それまで幸徳が考えていたマルクス主義とは、宣伝によって国民の政治意識を社会主義にむけさせ、議会を変えていこうというものだ。

しかし「平民新聞」が弾圧されたことでわかるように、日本の議会や権力は甘くはなかった。国民の意識も意外に低く、宣伝では変えられそうもない。マルクス主義では太刀打ちできない。

議会や政府を改良するのではなく、政府や権力を否定する運動でなければ何の効果もうまないだろう。それにはアナキズムしかない——獄中で幸徳はこう決心した。

明治三八（一九〇五）年の七月に出獄した幸徳はアメリカにわたる。渡米の前、アメリカのアナキ

サンフランシスコの幸徳秋水　右から４人目が秋水。ひとりおいてアメリカのアナキスト、アルバート＝ジョンソン

ストにあてた手紙には、渡米の理由についてこう書いている。

「私は初めマルクス主義者として監獄に参りましたが、その出獄に際しては過激なる無政府主義者となって娑《しゃ》婆《ば》に立戻りました。ところがこの国において無政府主義を宣伝することは、死刑または無期徒刑《とけい》を求めることにほかならず、危険千万ですから、右《みぎ》無政府主義の拡張運動は全然秘密に取運ばざるを得ません。」

アメリカではアナキズムへの弾圧はそれほどひどくはない、だからアメリカで思う存分に研究してみたいというのが幸徳の渡米の理由だった。つまり渡米中だったから幸徳は日本社会党に参加しなかったのだが、かりに日本にいたとしても、参加しなかったろう。さきに書いたように、ほかの社会主義者とのあいだに思想の相違という溝ができていたのだから。

ところで大杉だが、彼が日本社会党の結成と同時に参加したのはまちがいないとおもわれる。外国語学校を卒業してまもなくのことだ。

社会党は、活動の手はじめに東京市電の運賃値上げ反対にとりくんだ。東京の市電は「東京市街鉄道会社」が経営する私鉄だったが、運賃を三銭から五銭に上げると発表した。反対の声は高かったが、多数の市会議員や有力新聞が会社に買収されているとの噂もあって、値上げは必至の情勢だ。

明治三九年三月一一日、社会党と国家社会党の共同主催により日比谷公園で値上げ反対市民大会がひらかれた。国家社会党は評論家の山路愛山《やまじあいざん》などがつくっている、穏健な政党である。

数百人の参加者は値上げ反対と、一五日に第二回の大会をひらくことを決議して大会はおわったが、社会党派の元気なグループは鉄道会社や新聞社にデモをかけて抗議の意志をしめした。

三月一五日の二回めの大会はおなじ日比谷公園でひらかれ、前回よりも多い千数百人があつまった。

社会党の西川光二郎のよびかけでデモにうつった。市議会や鉄道会社に石をなげ、日比谷から神田橋を走っていた電車をストップさせた。夕方には六、七台の電車が焼きうちされたという。

その日のうちに大杉は逮捕された。大杉のほかに逮捕された社会主義者は西川光二郎・山口孤剣など九人である。これまでにも社会主義者が新聞記事の内容を咎《とが》められて逮捕されたことはあったが、こんどのように街頭の示威行動での逮捕ははじめてだった。

大杉の罪名は「凶徒聚《きょうとしゅう》集罪《しゅうざい》」、東京監獄にほうりこまれ、六月に保釈になった。

このころ大杉は知人に就職を斡旋してもらうようにたのんでいたが、社会主義者で投獄の体験ありということでは、もう就職はできない。全身をあげて社会主義の運動にとりくむ決意をかためた。その決意で監獄にはいったのである。

「僕は自分が監獄でできあがった人間だということを明らかに自覚している。入獄以前の僕は、恐らくまだどうにでも造り直せる、あるいはまだ碌《ろく》にはできていなかった、ふやふやの人間だったのだ。」（『続獄中記』）

出獄した大杉は、まず結婚した。相手は堀保子《やすこ》といい、堺利彦の前の妻の妹である。結婚はしたが、籍は入れなかった。法律によって結婚が保証されることを認めたくなかったからだ。

エスペラント協会を設立

堺利彦は「家庭雑誌」という雑誌を発行していた。婦人問題や家庭生活の改良をテーマとする進歩的な月刊雑誌である。保子はこの雑誌の編集や販売を手伝っていたようだが、大杉との結婚と同時に、この雑誌は堺の手をはなれて大杉夫妻のものになった。結婚祝いの意味で堺がプレゼントしたのだろう。

そして大杉は、歴史学者の黒板勝美《くろいたかつみ》や千布利雄などとともに「日本エスペラント協会」をつくった。

社会主義各種新聞

ポーランドの医師ザメンホフが人類共通言語としてエスペラント語を考案したのは明治二〇（一八八七）年のことだ。ドイツに留学していた生物学者の丘浅次郎が学習したのが日本人とエスペラントの関係のはじまりとなる。

その後すこしずつ日本にはいってきて、平民社に出入りしていた黒板勝美から話をきいた堺利彦が「直言」に「エスペラントの話」という記事をのせた。

大杉はこの「直言」の記事でエスペラントのことを知ったのだろう。東京にでてきたばかりのころ感激して読んだ『進化論講話』の著者の丘浅次郎が先駆者だということも刺激になったにちがいない。

東京監獄にはいっていた三カ月でエスペラントをマスターした。語学は得意の大杉であるし、もともと学びやすいように工夫されているのがエスペラントの特長なのだ。日本エスペラント協会の設立大会で大杉は、童話の「桃太郎」をエスペラントで話して拍手喝采をあびた。

協会の設立と前後して大杉は、小学校の教室をかりて日本で最初のエスペラント学校をはじめた。

大杉のエスペラント学校では優秀な若者がそだった。言語や習慣の相違からおこる戦争を避けようというのがザメンホフの悲願だったから、エスペラントには反戦平和の願いがこもっている。
京都からきた山鹿泰治《やまがたいじ》はエスペラントをまなぶうちにアナキズムを知り、大杉の同志になった。中国人の留学生もきた。東京で「衡報」という社会主義の雑誌をだしていた景梅九《けいばいく》もそのひとりである。景梅九は中国と日本のアナキズム運動をつなぐ重要な働きをする。

入獄、また入獄

大杉は出獄してまもなく新聞「光《ひかり》」に書いた「新兵諸君に与う」によって新聞紙条例違反で起訴され、その裁判の途中でこんどは「日刊・平民新聞」に書いた「青年に訴う」でまた起訴された。

「新兵諸君に与う」はフランスのアナキズムの機関紙「ラ・ナルシー」に掲載されたものの翻訳だ。「青年に訴う」はロシアのアナキストとして有名なピョートル＝クロポトキンのパンフレットを翻訳したものだ。外国のアナキズム運動にこまかく目をくばるようになった大杉の姿勢がよくみえる。

「新兵諸君に与う」で禁固四カ月、「青年に訴う」で軽禁固一カ月半の判決がくだり、明治四〇年の五月から一一月まで東京の巣鴨《すがも》監獄で服役した。このころの大杉の生活ぶりは、警察と裁判、そして入獄のくりかえしで、整理するのに手間がかかる。先の事件の判決が後の事件の判決より後で出る、といったことがあるから厄介なのだ。

明治四一年の一月には――巣鴨監獄からでてわずか二カ月後――金曜会屋上演説事件で検挙され、治安警察法違反で軽禁固一カ月半の判決をうけた。

幸徳秋水や堺利彦、大杉や山川均《ひとし》などは毎週金曜日に講演会をひらいていた。会場は、はじめは東京九段のユニバリスト会堂、つぎに神田の貸席「吉田屋」、それから本郷の平民書房にうつった。演説会には警察官が臨席する。演説や討論が白熱してきて、法律に触れると判断したら臨席警官は「弁士中止、解散！」と命令する。言論の自由などというものはまったくない時代であったのだ。一月一七日の演説会も例によって解散を命じられたので、堺や大杉は会場の二階の屋根にあがり、道をゆく人々にむかって演説した。たったそれだけのことが治安警察法違反という恐ろしい罪に問われたのである。二月から三月まで、また巣鴨監獄ですごした。

六月には赤旗事件で投獄された。

この事件の裏には、社会主義者のあいだの意見の相違がある。穏健な立場の西川光二郎・片山潜・田《た》添鉄二《ぞえてつじ》らにたいして、堺・幸徳・山川・大杉・荒畑たちは急進的な立場をとっていた。意見の相違はもはや社会党を分裂させる寸前になっていた。

ちょうどそのころ、入獄していた山口孤剣が釈放されたので、山口の歓迎会をひらき、これを両派和解の場にしようといううごきがあった。石川三四郎の計画である。

歓迎会は六月二二日、東京神田の錦輝館《きんきかん》でひらかれ、なごやかな雰囲気のうちに終わろうとした。

石川が閉会の挨拶をはじめたとき、大杉・荒畑・山川たち急進派の若者が赤旗をふりまわし、革命歌をうたいはじめた。赤旗には白い布で「無政府共産」「無政府」「革命」の文字が縫いつけてあった。大杉の発案だったという。

穏健派をからかい、挑発してやろうというわけだったが、相手にされない。革命歌をうたい、「無政府万歳！」を叫び、旗をふりかざし会場をでたところで警官隊と乱闘になり、一四人が検挙された。うち五人が女性。

赤旗事件の旗と堀保子（右）

八月、大杉にたいして官吏抗拒罪、治安警察法違反で重禁固二年半、罰金二〇円の判決がでた。おもいもよらぬ重罰だ。ただし、このすこしまえに電車事件の判決がでて重禁固一年半となったが、当時の刑法では軽い罪は重い罪にふくまれることになっていたから電車事件の一年半は赤旗事件の二年半にふくまれる。せめてこれだけが救いだった。

堺・山川・森岡栄治は重禁固二年、荒畑は一年半の判決である。大杉は先頭にたってあばれたということで、他の者より半年重い刑になったわけだ。

東京監獄から千葉監獄へうつされ、明治四三年一一月に出獄した。

大杉や荒畑らが赤旗事件で監獄にはいっていたあいだに、大変なことがおこっていた。大逆事件である。

大逆事件の嵐

明治四三年六月、幸徳秋水のほか多数の社会主義者や無政府主義者が逮捕され、天皇暗殺をくわだてた大逆罪で起訴されたのである。

大逆事件の経過や真相について触れる余裕はないので、この「人と思想」シリーズのうちの『幸徳秋水』などを参考にしていただきたい。裁判は秘密におこなわれ、幸徳以下二四人全員に死刑の判決がくだった。四四年一月のことである。大杉は前の年の一一月に出獄し、それから二カ月後の一月二四日、大逆事件の二四人の死刑囚のうち幸徳たちの一二人に死刑が執行された。のこる一二人は特赦によって無期懲役に減刑された。

「春三月、縊《くび》りのこされ花に舞う」

死刑執行のあと、大杉はこういう句をつくった。手も足も出ないのである。

死刑執行の夜、堺利彦は悲痛をまぎらす酒をのんで泥酔し、ステッキで往来のガス灯をかたっぱしからぶっ叩いてこわした。尾行《びこう》の巡査が恐怖を感じ、いっしょにいた荒畑に「どうか堺さんを、お家に送っていってください」とたのんだほどだ。社会主義者のなかでは長老格の堺でも、これくらいのことでしか怒りをあらわせなかったのである。

「監獄で出来上がった人間」

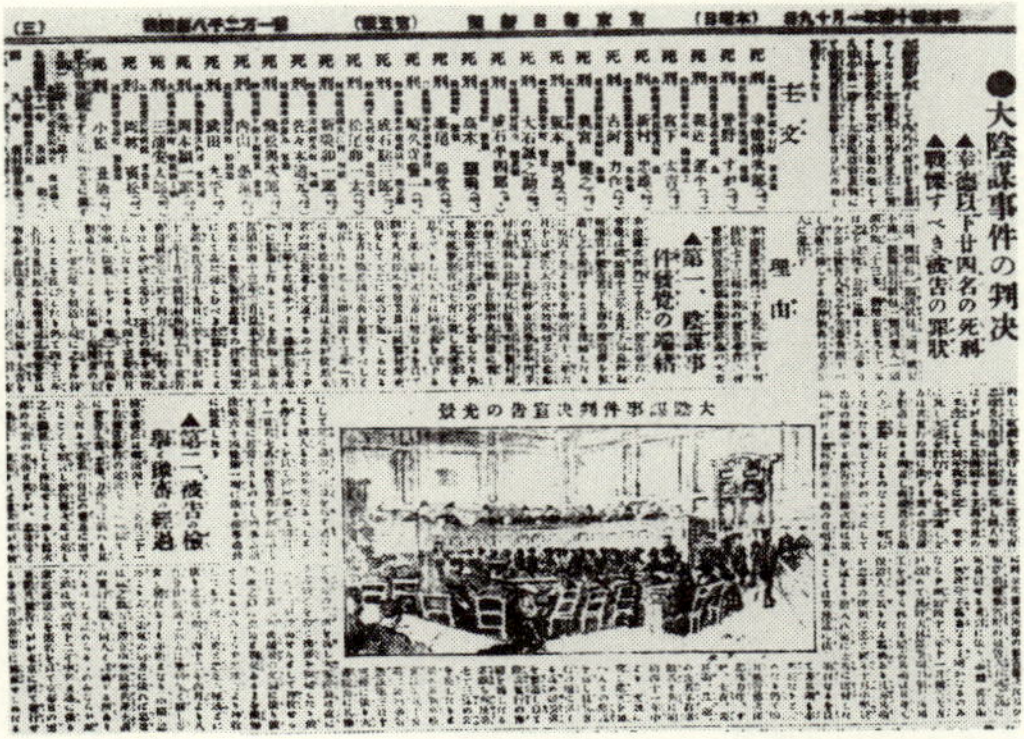
●大陰謀事件の判決

▲幸徳以下廿四名の死刑

▲戦慄すべき被告の罪状

主文

理由

大杉の獄中生活は前後あわせて三年四カ月である。パリのラ－サンテ監獄に投獄されることもあるが、それはまだ先のこと。

「僕は監獄で出来上がった人間だ」と自分でいうように、監獄のなかで大杉は一心不乱に勉強した。

それも、千葉監獄以前と以後とではガラリと勉強や読書の傾向を変えていて、ただ無闇《むやみ》に勉強したのではないのが重要だ。

千葉監獄まではクロポトキン、マラテスタなどアナキズム関係の書物がほとんどであったのに、その後では社会学や人類学などに焦点がうつり、人間とか政治とかいうものを根底から研究しなおそうと努力していたことがわかる。

大杉の、人間としての成長もいちじるしかった。

たとえば、それまでの大杉には人間の感情を無視する傾向があった。若い人にはありがちなことだが、どこかでそれを自慢しているような面もあった。

大逆事件の判決を報じる新聞（明治44年1月19日号）

それが変わってきたのである。

千葉監獄の大杉の独房に、一匹のトンボがとびこんできた。とっさに窓をしめ、部屋じゅう追いまわしてトンボをつかまえた。飼ってみようとおもったからだ。

洋書のあいだに軽くトンボをはさみ、片方の手でトンボをしばっておくために帯から糸をぬいていた。

そのとき、

「ふと、電気にでも打たれたかのようにぞっと身慄《みぶる》いがしてきた。そして僕はふと立ちあがりながら、そのトンボの羽根を持って、急いで窓の下へ行って、それを外に放してやった。

僕は再び自分の席に帰ってからも、しばらくの間は、自分が今何をしたのか分からなかった。その時の電気に打たれたような感じが何であったか、ということにすらも思い及ばなかった。僕はただ、急に沈み込んで、ぼんやりと何か考えているようだった。そしてそのぼんやりとしていたのがだんだんはっきりして来るにつれて、何でも糸をぬいている間に、『俺は捕えられているんだ』という考えがほんのちょっとした閃きのように自分の頭を通過したことを思い出した。それで何もかもすっかり分かった。この閃《ひらめ》きが僕にある電気を与えて、僕の身体を窓の下まで動かして、あのトンボを放してやらしたのだ。」（『続獄中記』）

トンボを殺そうとしたのではない、飼ってみようとおもっただけだ。

動物の命を救うことを仏教では「放生」といって、善いことのひとつにかぞえている。しかし、このとき大杉が感じたショックは別のものだ。つかまえられているトンボに、囚人である自分を感じたのだ。自分で自分をつかまえている。あるいは、自分が自分につかまえられている。

「そのときに僕は、僕のからだの中に、ある新しい血が滔々《とうとう》として溢れ流れるのを感じた。その後僕は、いつもこのことを思い出すたびに、僕はその時のセンチメンタリズムを笑う。しかしまた翻《ひるがえ》って思う。僕のセンチメンタリズムこそは本当の人間の心ではあるまいか。そして僕は、この本当の人間の心を、囚われ人であったばかりに、自分のからだの中に本当に見ることができたのではあるまいか。」

人間の感情というものの重大な意味、あるいは価値に気がついた。入獄まではかなり内容のちがう人間になって監獄からでてきた、そういうのが適当だろう。

自分から廃嫡を願う

千葉監獄にはいったばかりのころ、父にあてた手紙で、ふたつのことを願った。自分を廃嫡《はいちゃく》してくれということと、三〇〇円の金をめぐんでほしいということだ。

旧民法には、被相続人（ふつうは親）の意志によって相続人の資格を剝奪させられる廃嫡という条目があった。大杉は、それを自分から希望したのである。

社会主義者として活躍していると親や親戚に法律上の迷惑をかける恐れがあるから、それを避けたいという気持ちであったろう。また、法律の上で親や親戚から自由になって活動したいという気持ちもあったとおもわれる。

「父上の方でも私のようなものに父上の家を継がせるのは定めて不本意のことでしょう。また私の方でも、私の兄弟あるいは親戚たることによって、それらの人の身の上に何等かの禍いのあるようなことが起こっては、私としてははなはだ相済《あいす》まざる次第です。」

もうひとつの、金をめぐんでほしいという願いの理由は「ある学問の研究のため」だ。

「それはヨーロッパでもまだごく新しいので、日本の学者などはほとんど看過している学問上の新天地と言うべきものです。すなわち生物学と人類学と社会学（社会主義とは異也《い》）とのこの三新科学の相互の関係です。もしこれが十分に研究できれば、今日の人類社会に関する百般の学問は、ほとんどその根底から新面目を施さねばならぬこととなるのです。」（括弧内は大杉の注）

二年半の千葉監獄生活のなかで、完成とはいかないまでも大学卒業程度ぐらいには研究したい。だいたい一〇〇冊の本は読めるとして代金三〇〇円をほしい、という。

「私の最後の無心として、父上にお願いします。もし私のような不孝児でもなお一片、子としてのお情けがありますならば、また私をして単純なる謀反人としてこの身を終わらしめず、なお一学者として名を成さしめんと思召すならば、何卒《なにとぞ》この三〇〇円だけの金を恵んで下さい。」

もう社会主義の運動はやめるから、褒美の意味で資金を援助してくれ、というのではない。もしそうなら、廃嫡のことをいうはずがない。

人間の社会や政治のことを根底から見直す学問を組み立てて、そこからあらためて政治運動をやっていくという決意の表明だ。

しかし、自分から願った廃嫡も三〇〇円の贈与のことも実現はしなかった。父の大杉東が、大杉が千葉監獄にはいっているうちに亡くなってしまったからである。

四谷左門町にあった売文社
（前列中央が堺利彦）

「近代思想」の発行

大逆事件の後の社会主義運動は「冬の時代」といわれている。出獄した者に尾行巡査がついたのはもちろん、ある生物学者が『昆虫社会』という本を発刊しようとしたところ、社会主義と関係があるのではないかとにらまれ、出版できなかったという、馬鹿々々しいが本当の話もある。

堺利彦は「売文社《ばいぶんしゃ》」をつくった。いまの広告会社と編集プロダクションとをあわせたような、文をつくり文を売るささやかな企業である。大杉も荒畑も参加した。

明治天皇が亡くなって年号が大正とかわると、そろそろと取り締まりがゆるんできたようにみえた。そのころの様子を回想して金子光晴《みつはる》という詩人が、こう書いている。

「明治天皇は、国民ににらみのきいた天皇だった。それだけ、たよられすぎていたとも言える。大正天皇は、皇太子のときから、とかく健康もすぐれず、若い天皇の生まれたときには、だれしもみな、日本の前途に心細いおもいをしたものだ。しかし、明治の歯車はまだうごいていたので、遺業を手堅くまもっていれば、それでいいとわかってみると、重圧のない天皇のもとで、大正人は、明治にはなかった、ある明るさをとりもどしたということになる。」(『絶望の精神史』)

大杉と荒畑は「近代思想」という月刊雑誌の発行にふみきった。時事問題をとりあげて論じる雑誌は政府に保証金をおさめることになっていた。この「近代思想」は時事を論じない、したがって保証金をおさめる必要のない文芸雑誌だ。

知人への挨拶で二人は、「哲学・科学および文学に対して小生等独特の見地より観察、批判・評価を加え、いささか平素鬱勃《うつぼつ》の抱懐《ほうかい》を吐露《とろ》いたすはず……」と書いた。

社会主義の研究や宣伝をする、などとは書いていないし、そんなことができるわけもない状態だ。それなのにこの雑誌は「社会主義運動の復活を告げるラッパ」とみられた。

こういったのは、まもなく大杉の同志になる近藤憲二《けんじ》である（『日本アナキズム運動史』）。

この評価の「復活」という言葉を文字どおりにとると、大杉の計画からずれてしまうおそれがある。つまり大杉には、明治の社会主義をそのまま復活する気持ちはまったくなかったのだ。獄中の勉強によって大杉は人間社会を根底から見直すことの必要を痛感し、自由になったら、その立場に立った新しい社会主義の運動をやろうとしていた。

出獄したからといって完全な自由を得たわけではないが、とにかくも荒畑とふたりで雑誌をだせるだけの自由はある。

テーマは人間だ、人間の自由だ。

警察ににらまれ、社会主義の直接研究も宣伝もできない状態は、人間を真っ正面のテーマにすえる姿勢にとっては、むしろ好都合なのである。

人間がテーマになれば、社会主義の研究や宣伝だけでは足りない。哲学も科学も、文学も宗教も必要になってくる。「近代思想」は人間を広い視野のなかで見る武器として出発したのである。

「近代思想」は二年にわたって二三号が発刊された。原稿を載せているのはやはり文学者がいちばん多い。そのほかには演劇関係者も多かった。

では、社会主義者としては大杉や荒畑の先輩格にあたる堺利彦たちは、どうしていたのか。じつはこのころから、堺利彦と大杉や荒畑との意見の相違が目立つようになった。

堺も「近代思想」にたくさんの原稿を書いているが、政治運動ができないときには我慢して時宜《じぎ》をまつべきだ、といった意見だったのである。

堺の意見は、社会主義者は政治をやるべきだ、文学や芸術にまで手をひろげることはないという意味でもあるから、大杉のやりかたを批判する結果になる。はじめに社会主義というものがあって、それを研究実行するのが社会主義者――これが堺の立場だ。

大杉はちがう。

人間を自由にし、本当の人間にする。それは社会主義の専門ではなくて人類共通の使命なのだ。社会主義もアナキズムも、そのことに有効であるかどうか、すべてはこの基準で判断されなくてはならない――これが大杉なのだ、大杉の目指しているものなのだ。

「本能と創造」「唯一者スティルナー論」「奴隷根性論」「征服の事実」「生の拡充」「賭博本能論」――「近代思想」をかざった大杉の論文の代表的なものである。論文といっても長いものではない。四〇〇字づめの原稿用紙で五枚、おおくても二〇枚ぐらいのものだ。

しかし、じつに生きいきとしている。読者をグイグイとひきつける強さがある。くわしい検討はIIでのこととして、いくつか紹介しておく。

「政府の形式を変えたり、憲法の条文を改めたりするのは、何でもない仕事である。けれども過去数万年あるいは数十万年の間、われわれ人類の脳髄に刻み込まれたこの奴隷根性を消え去らしめることは、なかなかに容易な業じゃない。けれども真にわれわれが自由人たらんがためには、どうしてもこの事業は完成しなければならぬ。」（「奴隷根性論」）「征服の事実がその頂上に達した今日においては、階調はもはや美ではない。美はただ乱調にある。階調は偽りである。真はただ乱調にある。」（「生の拡充」）

明治以来の大杉の仲間や友人のなかには、「近代思想」のなかに社会主義宣伝の暗号みたいなものが隠されているはずだという思いから、これらの論文を読んだ人も少なくないはずだ。思想事件担当の警察官もまた、ひそかにアナキズムの宣伝をやってはいないかと、目を皿のようにして読んだことだろう。

それが余計な心配だということは、すぐにわかる。文面どおりに読めばいいのである。文面どおりに読むことで、まったく新しい大杉の姿をみることができる。

「サンジカリズム研究会」

大正という時代の特徴は「大衆」である。その特徴は資本主義生産の場でもっとも鮮明にみられた。大規模工場の数がふえ、それによって等質の労働者が大量にうまれた。労働運動がおこる最大の原因である。労働組合の「友愛会《ゆうあいかい》」が結成されたのは大正元（一九一二）年である。はじめは会員一五人の、知識人主体の組織だったが、少しずつ現場労働者のあいだに組織をひろげていった。

外資系の東京蓄音器《ちくおんき》商会に労働争議がおこり、労働者側の依頼で調停にあたった友愛会は成功した。労働組合というものがはじめて実力をみせたのである。

欧米からはサンジカリズム（syndicalism）の考えかたが紹介されてきた。サンジカリズムは急進的労働組合主義と訳されるが、そのままサンジカリズムをつかうほうが誤解がない。労働組合が政党政治を排除し、ゼネラルストライキや直接行動によって生産管理を実現し、社会を労働者主体の仕組みに変えていく――それがサンジカリズムの思想だ。

大杉は大正二年の夏に「サンジカリズム研究会」を発足させた。労働運動には以前から関心をもっていたのだが、友愛会の活躍をみて踏みきったのだ。

友愛会のような組合をつくろうとしたのではない。だいぶ後になって大杉は自伝的な小説「死灰の中から」を書き、そのなかで、サンジカリズム研究会をつくったころの自分が友愛会には批判的だったと回想している。

「僕は今Y会そのものにはほとんど何の期待をも持たない。Y会の人々の言論や行動にはむしろ反感すら持っている。」（Y会――友愛会）

それなのに友愛会に注目していたのは、なぜだったか？

「労働者が団結して、とにかく自己の人格とか地位とかの向上を謀《はか》っている間には、あの中からきっと何か今のY会とは違った分子が生まれてくる。今のいわゆる幹部に謀反する何ものかが生まれて来る。そうして、Y会をまったく新しいY会に変えてしまうか、あるいはそこから分離した新しい別な団体がおこる。その新Y会、もしくは新団体が初めて本当の意味での労働団体になるんだ。本当の意味で労働運動の中心になるんだ」

友愛会が結成された大正元年に大杉は二七歳だ。それにしては、いかにも老成した印象の大杉ではないか。友愛会の労働者自身による友愛会の分裂を予想かつ期待し、そこに自分たちの運動の将来の姿を描いている。

この小説のなかでぜひ注目しておきたいのは「労働者が団結して、とにかく自己の人格とか地位の向上を謀《はか》って……」の部分だ。

この時期の日本の労働者は、まことに劣悪な環境におかれていた。だから、労働運動の目的といえばまず第一に労働環境の改善になるのだが、大杉は——意識してか無意識のうちにか——それには触れず、「人格と地位の向上」と書いている。労働者としてよりも人間一般の問題を先行させる。これは大杉の労働運動の美点となり、かつ弱点になるだろう。

自由恋愛論、スキャンダル

サンジカリズム研究会の発足とほぼ同時に大杉は「近代思想」を廃刊した。間接的にではあれ労働運動にタッチできるようになると、「近代思想」の役割ははたしおえたと判断せざるをえなかった、それが廃刊の理由とおもわれる。

赤瀾会のころの伊藤野枝（右）

「僕はもう、この『近代思想』のような intellectual masturbation（こんな英語あるかないか知らんが、訳すれば知識的手淫）にあきあきしてしまった。われわれに情欲の、しかもきわめて強烈な情欲のある以上、それは何等かの方法をもって常にもらされなければならぬ。masturbation も時によっては必須事である。けれども僕等は、僕等にとってのこの不自然事に、つくづくと厭気がさして来た。僕等は僕等の自然事に帰らなければならぬ。（略）

なつかしき、しかしけがれたるこの『近代思想』は第二巻をもってその最後としたい。」（『近代思想』二巻八号。括弧内は大杉の注）

大杉はイヤイヤながら「近代思想」を発刊してきた——そう見るのはまちがいである。自信も愛着もあったのだ。

しかし、いまは新しい運動をはじめるべき時がきたと判断したからには「近代思想」のことを「なつかしき、しかしけがれたる……」ぐらい強く言わなければジャンプできない。それくらい「近代思想」は大杉にとって重いものだったのだ。大杉の心境は、「あのリンゴは酸っぱいのさ」といって去ったイソップ物語の狐に似ている。

うになる。

雑誌「近代思想」を廃刊したころ大杉は伊藤野枝《のえ》という女性と親しくなり、まもなく同棲するよ
伊藤は福岡県の出身で、東京の上野高等女学校を卒業。英語教師の辻潤《つじじゅん》と結婚し、二人の子を生んでいた。平塚らいてうたちの青鞜社《せいとうしゃ》に参加し、このころは雑誌「青鞜」の経営権をゆずりうけて発行していた。夫の辻潤は大正、昭和の思想界にユニークな足跡をのこした人で、ダダイズムの紹介者とかニヒリストとかいわれている。

それからしばらくして大杉は神近市子《かみちかいちこ》という女性とも親しくなった。神近は東京日々新聞の記者で、はっきりした気性の進歩的な女性だ。

妻の堀保子との縁もきれてはいない。きるつもりも、ない。

大杉は自由恋愛論者である。

「家庭雑誌」に書いた「予の理想とする自由恋愛」という文章では、自由な恋愛は資本主義社会とは敵対関係にならざるをえない、共産社会においてはじめて花をさかせる、といい、自由な恋愛によって成立した結婚はまた離婚の自由をも保証されなければならない、と主張していた。

そしていま三人の女性と四角関係におちいったわけだが、大杉自身は自由恋愛の考えでも、周囲はそうではない。親友の荒畑でさえ大杉の四角恋愛には批判的な姿勢をみせた。ジャーナリズムは絶好のスキャンダルとしてとりあげ、神近は新聞社を退社せざるをえなくなった。

神近市子

三人の女性はそれぞれ「愛の独占」を主張して、大杉を批判した。大杉の自由恋愛理論は当事者の三女性にはうけいれられなかったのである。総論はよろしい、しかし私自身の各論としては承認しない、というわけだ。

大正五年一一月、葉山《はやま》海岸の日蔭《ひかげ》茶屋で原稿を書いていた大杉は、追いかけてきた神近に首の左を刺され、全治一〇日間の傷をうけた。

このころの大杉は、いわゆる有名人の一人である。古い価値観をかたっぱしから罵倒し、批判し、時代の先頭をきって走っているといったイメージがついている。その大杉が複数の女性の愛憎のからまりで負傷したのだから、ジャーナリズムはよろこんだ。たとえば「都新聞」の一一月一〇日号は、なんと一ページ半の紙面をつかって「日蔭茶屋事件」を報道している。「大杉の愛が伊藤野枝に熱いのを怨み短刀で咽喉を刺し瀕死の重傷を負わす」「大杉の素性」「神近の素性」「原因は嫉妬か—与謝野晶子夫人談」などという見出しがおどっている。

神近は投獄され、堀保子は大杉との絶縁を宣言し、伊藤野枝が恋の勝利者となった。

伊藤は大杉とのあいだに、たてつづけに五人の子を産む。魔子《まこ》、エマ（幸子）、エマ、ルイズ、ネストルの四女一男だ。「労働運動」や「文明批評」などの雑誌は大杉と伊藤の協同作業の結実だ。関東大震災の混乱にまぎれて憲兵隊に虐殺される最後の瞬間まで二人はいっしょだった。

そういうことを考えれば、たしかに恋の勝利者は伊藤のもので堀や神近のものではなかった。

ふつうならそういってすませられるはずのことが、この時期の、この二人にはゆるされなかった。

なぜかというと、日本の資本家と政府は民衆の力の高まりに恐れ、怯えていたからだ。

大正四（一九一五）年四月、日本の政府は中国にたいして二一カ条の要求をつきつけた。第一次世界大戦でやぶれたドイツが中国にもっていた利権の大部分と新たな利権を日本に譲れ、というのが二一カ条要求の内容である。こんな非道な要求は、してもいけないし、受けてもいけない。ところが中国の政府は、この要求を受けいれてしまったのである。

中国の国民は中国政府と日本政府にたいして、はげしい憤激をぶっつけた。日本では民本《みんぽん》主義の運動が高まり、友愛会の会員は激増していた。そしてロシアでは社会主義革命が成功しそうだという観測が濃厚だ。

どこを向いても民衆が強くなっている。

その恐ろしい傾向を指導している一人が大杉だった。民衆の力の高まりにおそれる保守派の評論家は、こぞって大杉の恋愛スキャンダルを非難した。社会主義者だからこそ、こんなデタラメな恋愛騒ぎをおこすのだ、社会主義はおそろしいぞ、と。

おそろしいと非難された社会主義者や進歩主義者はどうだったかというと、大杉と伊藤を弁護するどころか、反対に「あの二人は我々とは違うのです」という調子の自己弁護につとめた。社会主義は正義の運動である、だから、あんなスキャンダラスな事件で汚されては困ります、というわけだ。

恋愛は個人の問題のはずなのに、大杉と伊藤の場合は社会的な事件になってしまう。その理由は以上のとおりである。

二人は東京本郷の「菊富士《きくふじ》ホテル」という高級下宿に住んで、ほとんど沈黙のうちに世間の悪評に耐えぬいた。最初にうまれた子に魔子と名づけたのは、世間が悪魔とよぶ親の子なら魔子がふさわしいではないかという挑戦であった。

労働者の仲間にはいっていく

近藤憲二と久板卯之助《ひさいたうのすけ》が本郷をあるいていて大杉にあい、誘われて菊富士ホテルにいった。日蔭茶屋事件の半年ばかり後のことだ。

「当時の言葉でいう、二人が『愛の巣』をかまえたばかりのときである。この恋愛事件で多くの同志から爪弾《つまはじ》きされていたときなので、大杉は人なつかしがって話した。

『愛の巣』というものの、村木が見かねてよく食事をはこんだほどの貧乏のドン底時代であったが、大きな、立派な密柑をご馳走してくれた。」（近藤憲二『一無政府主義者の回想』）

近藤憲二の名前は前にもすこしでているが、久板と村木源次郎ははじめての登場だ。

この三人に、渡辺政太郎《まさたろう》や和田久太郎《きゅうたろう》、そして大杉にエスペラントを習った山鹿泰治といった面

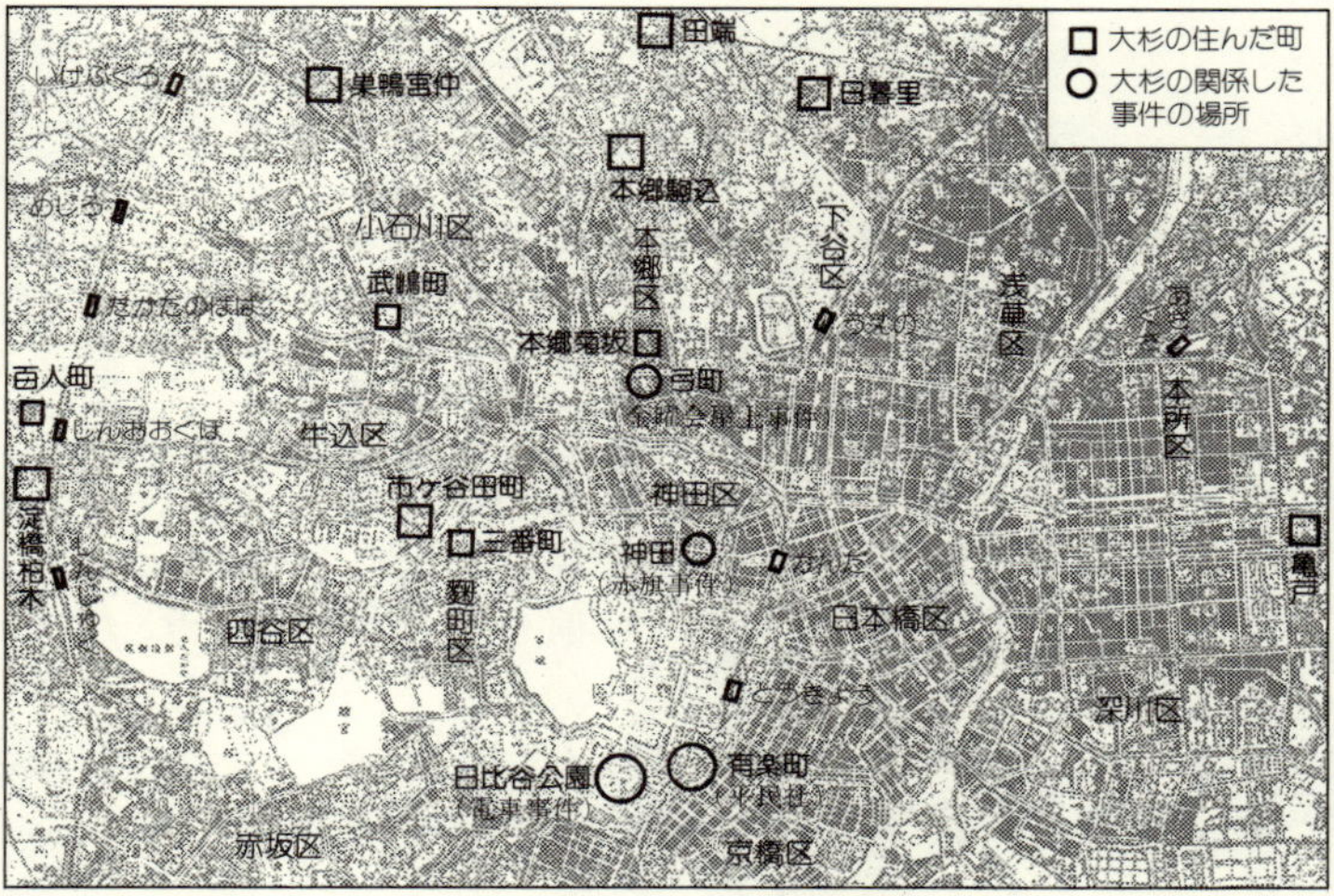

大杉栄関連地図（大正10年ころの東京）

々が菊富士ホテル時代以後、大杉と親しくなった。彼らは恋愛事件のことなんかまったく気にしない。いや、世間の悪評にたいして傲然として立つ大杉と伊藤の姿勢に共感したかのように、急速に接近してきた同志だ。

下品かもしれないが、「大杉一家」というのがいちばんふさわしいグループが大杉の最も苦しい時期につくられた。とりすましたところの少しもない、じんわりとした親愛と友情、じつに暖かい人間関係ができあがった。

とくに近藤は大杉の家に居候《いそうろう》する時間が長かっただけに、暖かい観察をしている。

「『君のは満腹どころか満喉《まんこう》だね。』

大杉は大食いの私によくそういった。私だけではない。満喉組はほかにもいた。これは、私たちが野放図だったからではなく無頓着な野枝さんの性格を語るものと思う。ユキちゃんという女中さんがいたことがあるが、お友達の娘さんを自分の部屋につれてきて幾日か面倒をみていた。女中さんに居候がおけるのだから、居候には都合のいい奥さんだったに相違ない。銭も茶だんすの引出しに入れてあって、みんなが自由につかった。」

「満喉」とは、喉までいっぱいにメシをつめこむほどの大食らいという意味の、大杉の造語である。

近藤の文章に「女中さん」とか「お友達の娘さん」という言葉のつかわれているのにも注目したい。「女中」「女中の仲間」とよぶのが普通の時代だった。大杉の家にすんでいると、こういう言葉をつかうのが当たり前になる、ということだ。

「大杉一家」にまつわる楽しい、そして重要なエピソードはいくらでもあるのだが、たくさん紹介する余裕がないのが残念だ。この本の終わりの参考文献をぜひとも読んでいただきたい。

大正六（一九一七）年の暮れに大杉は東京の亀戸《かめいど》に住所をうつした。いまでも下町情緒の濃いところだが、当時の亀戸は職人と労働者の町だった。

大杉は東京のあっちこっちを転々としていたが、これまではどちらかというと山手《やまのて》に住むことがおおかった。とくに山手を意識したわけでもないだろうが、職業軍人という小市民の家庭に育った環境が自然とそうさせていたのだろう。しかし、今の大杉は革命運動の主体は労働者だと思うようになっていて、労働者と一緒に住まなければ革命運動はやれないと決意したのである。

亀戸には職人や労働者のための安い長屋があって、長屋に住まなくては本当の労働者とはいえない雰囲気がある。大杉のえらんだのは長屋ではなくて一戸だちの家だったが、それでも新鮮な感じをうけた。

「それでもとにかくこの労働者町に押しやられてきたことだけはいい気持だ。大小幾千百の工場のがんがんする響きと、もうもうとする煙との間に、幾千万の膏《あぶら》だらけ煤《すす》だらけの労働者の間に、その実際生活に接近していることだけでもいい気持だ。だらけた気分が引きしまってくる。こうしちゃいられないという気持が日に日に強まってくる。」(「小紳士的感情」)

もっとも伊藤野枝のほうは、職人や労働者のおかみさんの仲間にスンナリとは入りこめなかったと正直に告白している。外国語学校と高等女学校を卒業した夫婦が住むとは、亀戸にとっては破天荒の出来事だったのだ。

大正七年の四月から「労働新聞」を発行するようになった。久板や和田との協同作業である。久板は同志社大学の中途退学者で、「キリスト」の仇名でよばれた高潔無垢の人。布団はもたず、冬でも座布団を敷いて上着とオーバーをかけて寝るという簡便質素な生活をとおしていた。二〇円という、当時でもひどい安月給のうちの半分だけで暮らし、のこりで「労働青年」という月刊雑誌を自分ひとりで出していたことがある。「五〇銭あると働く気になれない」というのが口癖だった。

電車にはのらずに、歩く。彼を尾行する巡査は食事も満足にとれず、しかも遠い道を歩いて尾行

和田久太郎

するから疲労がひどい。駒込署《こまごめ》の久板担当の尾行巡査のひとりは、不規則な食事と疲労がもとで死んだという。

汽車にのるときは切符を買わない。改札口で「もしもし、切符を！」といわれたら「いま、君に渡したじゃないか！」と大声でいう。たいていはこれで成功した。

無賃乗車作戦の秘訣について、久板はこう説明していた。

「君――、そんなときにはね、自分でもほんとうに渡したと信じていなければ駄目だぜ。」（近藤『一無政府主義者の回想』）

この説明をきいたとき近藤憲二は、「この人は、こういうことでも本当に精神主義なんだな」とおもったという。

和田久太郎は兵庫県明石《あかし》の出身。大阪の株屋ではたらいていたが、堺利彦の文章に影響されて東京に出、社会主義運動にとびこんできた。まもなく社会党から離れ、久板とともに大杉の同志になった。

「労働新聞」は大杉が実際に労働運動にのりだしていったことを記念する重要なものだったが、官憲のきびしい弾圧のために四号でおわってしまった。ストライキを煽動したとして新聞紙法違反に問われ、和田が禁固一〇カ月、久板が禁固五カ月の判決をうけたのが原因である。

労資協調の運動に反対する姿勢

大正七（一九一八）年八月、米騒動《こめそうどう》がおこった。米の小売価格の暴騰にたまりかねた富山県魚津《うおつ》の漁民の主婦たちが、富山産の米の県外移出に反対したのがきっかけとなった。新聞で報道されると、まず京都と名古屋の貧しい市民がたちあがり、この月のうちには全国各地の都市に飛び火したのである。定職をもたない人たちは米商人の店や家を襲撃し、労働者はストライキをおこして米価の引き下げを要求した。政府は約六万人の軍隊を出動させて鎮圧するとともに、数万人を逮捕し、七七〇〇人を起訴した。その一方では、鈴木文治《ぶんじ》らの友愛会の運動にたいする取り締まりを緩和して、労働運動を労資協調路線の方向にリードしようとした。

各地で労働問題にかんする演説会がひらかれた。友愛会系統の御用評論家や職業的労働運動家が、労資協調は如何に労働者に利益をもたらすかについて口角泡をとばして演説した。資本家側に反対するのは、結局は労働者の利益にはならないのだと、おだてあげて機嫌をとった。

大杉たちは言論の自由ももたず、たとえ自由があっても雑誌や新聞をだすカネもない。しかし彼らは、労資協調路線が労働運動の主流になるのをゆるすことはできなかった。米騒動に発揮された労働者の、直接的でしかも自発的な行動にこそ労働運動の真の将来があると信じるようになっていたからだ。

大杉たちは「北風会《ほくふうかい》」をつくった。北風会とは渡辺政太郎の号の北風を記念してつけられた名前だ。渡辺はふるくからの社会主義者だが、大逆事件のあとはアナキズムに傾いていた。一銭移動床屋や大道飴屋などをやりながら社会主義の宣伝をおこない、高潔な人柄が労働者に親しまれて「聖人」といわれていた。自宅で社会主義の研究会をひらき、知識人よりも労働者があつまっていた。大杉が伊藤野枝を知るきっかけは渡辺がつくったものだという。久板も和田も渡辺の研究会の出身だ。つまり北風会は渡辺の研究会の発展したものといってもいい。

北風会は何をやったか?——「演説会もらい」である。

各地でひらかれる労資協調路線の演説会にとびこんでいき、飛び入りで「労資協調反対!」をさけび、演説会そのものをメチャメチャにこわしてしまう、それを自分たちで「演説会もらい」とよんでいた。

友愛会からは妨害されるし、もちろん警官も労資協調の肩をもって、北風会のメンバーを逮捕しようとする。

「会長鈴木文治が壇上に現れて、労資協調的な演説をはじめた。すると彼(久板)は血相をかえて立ちあがった。

『やめろ、やめろ! そんな馬鹿なことがあるか!』

鈴木を労働者の神様のように思っていた友愛会の猛者《もさ》連が、たちまち彼のまわりをとりまき、腕をねじあげ、外へつれ出そうとしたが、屈しない。

『馬鹿！　やめろ、やめろ！』

一人だからたまらない。とうとう外へほうり出されたが、彼はいつまでも怒鳴っていた。」（近藤『一無政府主義者の回想』）

みんな、いつ捕まってもいいように、チリ紙と手拭いを懐にいれて、今日はあっち、明日はこっちと演説会を「もらい」にとびまわっていた。

多勢に無勢、北風会の行動は評判がわるい。あんなことをやっていると労働運動全体のマイナスだなどと、いかにも訳知り顔でいう者もいる。

大杉は反論する。

「元来世間には、警察官と同じ職務、同じ心理をもっている人が、実に多い。

たとえば演説会で、ヒヤヒヤの連呼や拍手かっさいのしつづけは喜んで聞いているが、少しでもノウノウとか簡単とかいえば、すぐ警察官と一緒になって、つまみ出せとか殴れとかほざき出す。なんでも音頭取りの音頭につれて、みんなが踊ってさえいれば、それで満足なんだ。そして自分は、何々委員とかいう名をもらって、赤い布片でも腕にまきつければ、それでいっぱしの犬にでもなった気で得意でいるんだ。

奴隷の言う正義とはなんだ。自由とはなんだ。これはただ、音頭取りとその犬とを変えるだけのことだ。

僕等は今の音頭取りだけが嫌いなのじゃない。今の犬だけが厭なのじゃない。音頭取りその者、犬その者が厭なんだ。そしていっさいそんなものはなしに、みんなが勝手に踊って行きたいんだ。そしてみんなその勝手が、ひとりでに、うまく調和するようになりたいんだ。

それにはやはり、なによりもまず、いつでもまたどこでも、みんなが勝手に踊るけいこをしなくちゃならない。むづかしく言えば、自由発意と自由合意とのけいこだ。

この発意と合意との自由のないところになんの自由がある、なんの正義がある。」（「新秩序の創造」）

自由発意と自由合意――みんなが勝手に自分の踊りを踊れるように稽古しなくてはならない――大杉の思想と行動を理解するためには不可欠のキーワードだ。

警察は大杉を投獄しようとやっきになるがチャンスがない。とうとう、しつっこく尾行する巡査をなぐったのを口実に懲役三カ月にもちこみ、大杉を豊多摩《とよたま》監獄におくった。大正八（一九一九）年、三四歳のときだ。

この事件の裁判の途中の大杉を描いた林倭衛《しずえ》の「出獄の日のO氏」という肖像作品がある。林が翌年の二科会《にかかい》展に出品したところ、警視庁から「待った」がかかり、林は出品を断念した。表向きには林が任意撤回したことになっているが、もちろん警視庁の意向に二科会が迎合したのが真相である。

「白紙主義の労働運動」

豊多摩監獄を出獄したのは大正九年の三月だ。このころ大杉たちは「労働運動」という雑誌を出していた。「労働運動」という名の雑誌は前後五回にわたって発行されるが、大杉はそのうちの第一次から第三次まで関係した。

労働運動にたいする大杉の姿勢もすこしずつ変化していくが、「人間としての労働者」という基本の視点はかわらない。

第二次の「労働運動」は大正一〇年一月に発刊されたが、この時期には日本の政治や労働運動はロシア革命の影響をうけて、大きな変化をもとめられていた。

ロシア革命にたいする大杉の姿勢については後でくわしく見ることにするが、大杉は日本の革命と関係しない労働運動はありえないという態度をはっきりさせていた。

「日本は今、シベリアから朝鮮から、支那から、刻一刻分裂を迫られている。

僕はもうぼんやりしていることはできない。いつでも起つ準備がなければならない。

週刊『労働運動』はこの準備のために生まれる。

「労働運動」執筆中の大杉栄（望月桂 画）

このはがきを受け取った読者諸君の多くは、かならず、その文句のあまりに唐突なのに驚いたに違いない。けれども、実際に、日本の運命はもう目の前に迫っているのだ。」(第二次「労働運動」第一号)

「分裂」は「革命」と読めばいい。

革命がおこったら労働者や社会主義者はどうするか、分裂のどちらに付くべきか――その時にきめればいいことだが、準備だけはしておかなければならない、これが大杉の姿勢であった。

しかし、革命のための労働運動であってはならない。労働者が人間としての自分を取りもどすこと、あくまでこれが目的だ。この姿勢で労働運動をするのが革命につながる。

つまり、何かの手本やモデルが先にあって、それを追いかけて実現するような労働運動は絶対に駄目である、という姿勢だ。

「人生とは何ぞやということは、かつて哲学史上の主題であった。そしてそれに対する種々の解答が、いわゆる哲学者等によって提出された。

しかし、人生は決してあらかじめ定められた、すなわちちゃんとできあがった一冊の本ではない。各人がそこへ一文字一文字書いてゆく白紙の本だ。人間が生きて行くそのことがすなわち人生なのだ。」(「社会的理想論」)

これが「大杉の白紙主義」とよばれる画期的な文章である。

労働運動もまた「白紙主義」でなければならない。

「労働運動とはなんぞや、という問題にしても、やはり同じことだ。労働問題は労働者にとっての人生問題だ。労働者は、労働問題というこの白紙の大きな本の中に、その運動によって、一字一字、一行一行、一枚一枚づつ書きいれていくのだ。」

歴史をみると、労働者あるいは下層階級はいつも旧社会の破壊の道具としてだけつかわれ、新社会の建設には関係しなかった。いや、関係することを拒否されたのである。新社会について鮮明な観念をもたないためであるが、それ以上の問題がある。

「自分のことはあくまで自分でするという、本当にしっかりした自主性がないからではあるまいか。」

自分のことはあくまで自分でやる、それがアナキズムの労働運動だ、アナキズムの人生だ。アナキズムの労働運動が本当の労働者による労働運動なのだ――大杉はいつもこう考え、こう叫んでいた。

八幡製鉄所の大ストライキ

大杉と労働組合とはどのように関係していたか、実際の例をみておこう。

大杉が興味をもち、運動に参加していった労働組合はもちろん労資協調路線に反対を表明してい

各新聞社製版工組合の革進会（大正８年９月）

た組合である。いいえかれば、革命的労働組合だ。
まず、印刷工員がつくっていた「欧文植字工組合信友会《しんゆうかい》」がある。この組合員の多くは北風会の会員になった。信友会はまもなく「日本印刷工組合信友会」へと規模を拡大した。新聞社の印刷工は「革進会《かくしんかい》」という組合をつくって運動を展開していた。

信友会も革進会も、文字が読めて活字を拾うことができる中等知識階級の労働組合であった。そのことと、労資協調路線に反対する組合運動とは無関係ではない。本を読める、議論ができるということは資本家側の巧妙な組合分断作戦を見破るうえで大事な能力なのだ。

といって大杉が、中等知識階級の組合にだけ興味をもったということではない。大杉の同志の水沼辰夫《みずぬまたつお》は人夫や屋外労働者、つまりいまでは日雇労働者とよばれている人たちを組合に組織しようとしたことがあるが、宣伝文を書いたのは大杉であったという。

そして最後に八幡《やはた》製鉄所の大ストライキと大杉の関係をいわねばならない。

そのころ、「鉄は国家なり」という言葉があった。資本主義経済の柱となるのは鉄だという信念は日本の政界や財界にはやくから強く、明治三四（一九〇一）年に官営の八幡製鉄所が開業した。このころの鉄鋼生産高の八〇パーセントをしめ、文字どおり日本経済の背骨であった。

この製鉄所の三八〇もの煙突が煙を吐くのをやめた大ストライキがおこったのは大正九年二月である。

ストライキを指導したのは浅原健三《あさはらけんぞう》であるが、彼は大杉の思想に共鳴して製鉄所の工員のあいだに革命的な労働組合「日本労友会」をつくった。労友会の指導によって一万三千人の全従業員が一斉にストライキにはいり、明治三四年からやすむことなく鉄をつくっていた鎔鉱炉の火を消したのである。臨時手当と臨時加給を本給に組み入れる、全員平等の割増し給与、労働時間短縮の三項目が労友会の要求であった。

正式従業員のほか日雇い人夫も同情ストライキにはいったので、「八幡市民の恐怖と混雑、はなはだしきものあり」と「大阪朝日新聞」はつたえる。

福岡県の警察部長は、「治安警察法の適用は見合わせ、なるべく穏便な取り締まりにしたい方針である」との談話を発表した。治安警察法を適用すれば政治問題になってしまうので、それを恐れたわけである。

八幡製鉄所のストライキ（大正9年2月6日）

それは決して、八幡製鉄所のストライキを軽視したからではない。反対に、「治安警察法を適用すべきほど重大な事件ではあるが、影響が大きすぎる」といった態度の表明であった。そのことは政府が憲兵隊を派遣して警戒にあたらせ、場合によっては石光《いしみつ》憲兵隊長自身の出動もありうると示唆したところにしめされている。

大杉はこのころ豊多摩監獄にはいっていたから、直接指導したわけではない。労働運動は労働者自身による労働者自身の運動でなければならないという大杉の思想が、浅原を通じて浸透していったのだ。

ストライキは労働者側の敗北となり、労友会は解散した。しかし、二月五日は八幡製鉄労働者にとっては記念すべき日となり、毎年記念の演説会がひらかれる習慣ができた。

二年目の記念演説会に、とつぜん大杉が姿をあらわした。友愛会の幹部も演説をもうしこんだが、浅原に断られたらしい。

司会者が「無政府主義の巨頭、大杉君を紹介します！」といったとき、聴衆は一瞬茫然となり、そのつぎには万雷の拍手が会場に鳴りひびいた（浅原健三『鎔鉱炉の火は消えたり』）。

大杉は吃音である、演説がうまいとはいえない。ところがこの日には四〇分ほど演説したというのである。大杉の演説としては最長記録らしい。

同行していた近藤憲二は、この記念すべき大杉の演説をつぎのように要約している。

「僕が十年前当地を通過したとき、汽車の窓から幾百となく突立った巨大な煙突を見て、友人とともに、この煙が労働者の手によって一日でも止められたなら、僕は死んでもいいと話したことがある。一昨年、僕が獄中で寒さに苦しんでいた時、突然八幡の煙が止まった。同盟罷工が勃発したとの報知があった。五年前までは労働運動はあまり重大視されず、暖簾《のれん》に腕押しの状態であった。諸君も五年以前には決してこの煙を止め得るとは考えなかったであろう。しかるに今日では、この煙が止まったぐらいで死んでもいいと言えば、諸君は笑うであろう。それまでに運動は進んだ。」（第三次「労働運動」三号）

八幡製鉄所のストライキは敗北したが、この記念大会で大杉の演説をきいた労働者の唸りのような感動のなかに、大杉はじゅうぶんな手応えを感じとっていたはずだ。

ボルシェヴィキ派と抗争の日々

革命は支持、ボルシェヴィキ政府は反対！　ロマノフ王朝が君臨するロシア帝国に革命がおこった。ロシア社会民主党に指導された労働者と農民のソヴィエト（評議会）が皇帝をたおし、労働者と農民の政府をつくったのである。

大正六（一九一七）年三月一七日の新聞は全世界にロシア革命のニュースをながした。八幡製鉄所の大ストライキもロシア革命の影響をはっきりとうけている。八幡ストライキは革命勃発から三年目のことだ。

ロシア革命の内容がわかってくるにつれて大杉は、非常に重要な意見を主張するようになった。大杉の言葉のうち、もっとも重要で簡単なものを紹介しておく。

「ロシアの革命は誰でも助ける。が、そんなボルシェヴィキ政府を誰が助けるもんか！」（「なぜ進行中の革命を擁護しないのか」）

ロシア革命には断固支持、しかしボルシェヴィキ政府には断固反対――これが大杉の基本的な姿勢である。

大杉はこののち、虐殺されるまでの六年を「ロシア革命賛成、ボルシェヴィキ政府反対」のために注ぎこむのである。

日本の社会主義者は——いや、その大半は、というほうが正しいだろうが——「ロシア革命」イコール「ボルシエヴィキ政府」とみていたから、大賛成だ。これから日本に起こるべき革命も当然ボルシェヴィキ政府を樹立する方向をとるべきだ、と考えている。つまり彼らはボルシェヴィキである。

大杉は、ロシア革命がボルシェヴィズムの方向に進んできたことを絶対にゆるせないと考えていた。だから、ロシア革命のボルシエヴィズム化に反対するし、実際に反対してボルシェヴィキ政府の迫害にあっている革命家に支持と同情を表明する。もちろん、日本の革命がボルシエヴィズムの方向にいくのにも断固反対の姿勢をかためた。

そこで、ボルシェヴィキとは何か、という問題になる。くわしいことはIIでの課題にまわすとして、いまはただつぎのことを確認しておこう。

ボルシェヴィキとは「多数派」の意味であり、具体的にはロシア共産党をさす。

ロシアの革命は工場労働者や農民、兵士の自発的な運動としてはじまったが、それを指導したのがロシア社会民主党である。

革命の成功後、労働者は工場ごとに、農民は地域ごとに、兵士は兵営ごとに自治組織をつくった。

それがソヴィエトだ。

彼らは「すべての権力をソヴィエトに！」と主張し、中央集権政府ができることに反対した。この傾向に不安を感じた社会民主党の多数派は共産党をつくってソヴィエトに弾圧を加えるとともに、ソヴィエト擁護を主張する少数派（メンシェヴィキ）を追放し、共産党独裁のソヴィエト連邦をつくったのである。

ソヴィエトという言葉には自由・自治・民主の願いと誇りがこめられているが、現実にできあがった「ソヴィエト連邦」のソヴィエトには自由・自治・民主はまったくなく、ボルシェヴィキの独裁が意味されている。

踏みにじられた自由・自治・民主の復権を叫び、そうすることこそ人間の社会主義革命であると主張する勢力のうち、もっとも強いのがアナキズムだ。

ロシア革命の二年後、ドイツ、ハンガリー、オーストリアなどの東欧諸国に社会主義革命がおこり、ソ連のボルシェヴィキ政府はモスクワに「コミンテルン」をつくった。「社会主義第3インターナショナル」の別称であるが、世界各国の革命運動はボルシェヴィキ政府樹立をめざすものでなければならないと画一的に司令する機関である。

ボルシェヴィキとの協同をもとめた時期

さて、大杉栄ははじめからボルシェヴィキに反対していたわけではない。山川均、堺利彦、荒畑寒村といったふるくからの仲間はボルシェヴィキ派になってはいたけれど、日本革命のためにはアナキズムとボルシェヴィキとの提携は可能であり、また必要であると大杉は考えていた。

大正九年に「日本社会主義同盟」が結成され、大杉は発起人のひとりになった。アナキズムとボルシェヴィキとの提携に期待するところがあったからだ。

この年、コミンテルンは中国の上海《シャンハイ》で極東社会主義者大会をひらくことにした。馬《ま》という朝鮮人の密使が来日して、まず山川に出席を要求した。山川が日本ボルシェヴィキの代表者だというのは関係者には明らかになっていたから、馬がまず山川の所にいったのは当然だ。

しかし山川は、使者の素性がはっきりしない、といった理由で拒否した。社会主義の長老の山川は慎重な性格だから拒否したのも無理はないが、密使の素性がはっきりしないから信用しないというのも妙な話だ。はっきりすれば日本の官警に逮捕されてしまうのである。素性を信用する、しないにかかわらず、冒険するか、しないか、ふたつにひとつなのだ。

困惑した馬が大杉のところに話をもってきて、大杉は冒険するほうに賭けた。密出国である。

上海のフランス租界にある陳独秀《ちんどくしゅう》の家で会議がひらかれた。コミンテルン代表のチェレンは中・朝・日三国の革命運動を統制する機関を設置すべきだ、といった主旨の意見を提案したが、大杉が反対し、中国や朝鮮の代表も同調したので、三国の連絡機関のようなものを設置することで落ち着いたらしい。

数日にわたる会議のあと、チェレンは大杉に運動資金提供の話をもちだした。「労働運動」の第二次刊行を計画していた大杉は一万円を要求し、チェレンは承知した。

ところが、その後になってチェレンは資金の使い方についてこ干渉がましいことをいろいろと注文してくる。そこで大杉は、

陳独秀

つぎの意味のことを英文で書いてチェレンにつきつけた。

「各国は各国で勝手に運動をやる。日本は日本で、どこから金が来なくても今までもすでに自分で自分の運動を続けてきたのだ。これからだって同じことだ。条件がつくような金は一文だって欲しくない」(『日本脱出記』)

フランス語ほどにはよく話せない英語だから手紙を書いたのだろうが、後の証拠になるから、文書をのこしたのは大杉の名誉のためには良いことだ。

チェレンは承諾し、とりあえず条件なしの二千円をわたし、のこりは別途におくるという約束になった。チェレンが大杉をロシアに招待する話もまとまった。

そうして大杉は上海から帰ってきて、ボルシェヴィキ派と提携する可能性をもとめて奔走する。

結果からさきにいうと、ボルシェヴィキ派との提携は実らなかった。もともと主義主張のちがう両派の提携をはかるなんて、大杉としてはおかしいではないか——そんな批判もでてきたし、なによりもボルシェヴィキ派のなかに、大杉たちと交際しているかぎりはコミンテルンに承認してもらえないという観測がうまれてきたからだ。

大杉とボルシェヴィキ派との提携模索の実際は、つぎのような経過をとった。

帰国した大杉は計画どおり第二次「労働運動」を発刊した。アナキズム派からは大杉と近藤憲二と和田久太郎、ボルシェヴィキ側からは近藤栄蔵《えいぞう》と高津正道《せいどう》だ。もっとも大杉はすぐにロシアへ行くつもりだったから、「労働運動」にはほとんど手をだしていない。

まもなく大杉はひどいチブスにかかり、なんとか回復したころには上海のチェレンとの連絡も絶えてロシア行きの展望が消えかかった。近藤栄蔵を使者に派遣したが、その留守中に、どうやらボルシェヴィキ側が大杉の頭越しにコミンテルンとの直接取引をやっているらしい様子がわかってきた。

大杉にはまだわかっていないが、日本のボルシェヴィキ派はこのころ、コミンテルンの支部というかたちで日本共産党を結成していたのである。大杉は近藤栄蔵を自分の使者として上海に派遣したつもりだが、じつは近藤はボルシェヴィキ派の使者であり、上海には「大杉はアナキストだから信用してはならない。今後の連絡は我々に直接に……」ということを密告しに行ったわけだ。

その近藤栄蔵は帰国の途中で逮捕されてしまい、大杉はボルシェヴィキとの提携に終止符をうつ決意をかためた。

「かくして僕は、はなはだ遅まきながら、共産党との提携の事実上にもまた理論上にもまったく不可能なことをさとった。そしてまたそれ以上に、共産党は資本主義諸党と同じく、しかもより油断のならない、僕等無政府主義者の敵であることが分かった。

が、今ここに上海行きのこれだけの話ができるのは、共産党の先生等が捕まって、警察や裁判所でペラペラと仲間の秘密をしゃべってしまった、そのお陰だ。それだけはここでお礼を言って置く。」(『日本脱出記』)

理論的には合わないとわかっていながらもボルシェヴィキとの提携をもとめたのが、はたして無駄な失敗であったのか、答えをだすのはむずかしい。大杉の死後、かつての仲間たちは、ボルシェヴィキ派との提携をもとめてうごいたこの一年を、大杉の生涯の最大の失敗の時期、というふうに評価した。

しかし、裏切りに気づくとすぐに提携破棄を決意したのは大杉のためには良いことだった。これからは、何にも遠慮せずにボルシェヴィキを非難できるからだ。

大杉は第三次の「労働運動」を発刊した。第二次がボルシェヴィキとの協同経営、協同編集であったのにたいし、こんどはもちろんアナキズム派の単独経営、単独編集だ。

革命の本場へ

この第三次「労働運動」を足場に大杉は山川たちとに「アナ‐ボル論争」を挑んでいく。論争の経過や内容はIIでの主題になるから、ここではひとつだけ、大杉の絶唱ともいうべき言葉を紹介しておく。

「ケレンスキーの民主政府を倒した一〇月革命は、主として『革命は如何《いか》にして為されなければならないか』を僕等に教えた。そしてそれ以来のいわゆるボルシェヴィキ革命の進行は、主として『革命は如何にして為されてはいけないか』を僕等に教えた。」（『無政府主義者の見たロシア革命』）

実現されてはならぬ革命、そのボルシェヴィキ革命がロシアで実現した――そのことの不幸と非道を大杉は声をたかくして言いたいのだ。

さて大杉は、なんとしてでも、ロシアやヨーロッパで進行している革命の現場をみたいと切望している。コミンテルンをつうじての渡欧は不可能になったし、そのつもりもなくなったが、それとこれとは別である。

大正一一（一九二二）年一一月、フランスから一通の手紙がとどいた。以前から文通していたフランスのアナキストのコロメルの手紙で、来年の春、ベルリンで国際アナキスト大会がひらかれるから出席しないかという誘いである。

大杉は出席の決心をかため、近藤憲二と山鹿泰治が活躍をはじめる。上海までは何とかなるとして、上海からのパスポートを偽造する必要がある。そしてもちろん、カネの工面もある。

パスポートの入手をたのまれた山鹿は、妊娠中の妻にもつげず、その日のうちに東京から下関行きの汽車にとびのり、奉天《ほうてん》から北京《ぺきん》への京奉線の三等に乗って中国人に化けて北京にはいった。日本に亡命したことがあり、いまは北京大学で講義をしているロシアの詩人エロシエンコや、北京大学教授の周作人《しゅうさくじん》（魯迅《ろじん》の弟）とはエスペランチストとしての交際がある、なんとかなるだろうという計算だ。

しかし北京ではかばかしく事が進まないので、上海にいき、そこでようやく広東《カントン》省台山県うまれの「唐継《タンジィ》」名義のパスポートを手に入れた。台山県の人の中国語はとくに訛りがひどいからバレないだろうという計算だ。大杉の本物の写真を貼ってあるから、半分だけ偽造のパスポートだ。

フランス船アンドレ－ル－ボン号の出発は迫る、正月休みとあって領事館は閉鎖されている。アナキストの同志が中国忍法よろしく領事館にしのびこんで、みごとパスポートを盗んできたという活劇があったのだが、くわしくは大杉の『日本脱出記』を読んでいただきたい。

ただし『日本脱出記』では重要な箇所が伏せ字になっている。アルス版全集では「××××」、現代思潮社版全集では「(何字削除)」という処置だ。アルス版は昭和元年の発行だから伏せ字は当然とはいえ現代思潮社版は昭和四〇年だ、なぜ復元できなかったのかという疑問がおこるだろう。これは最初に雑誌「改造」に連載され、それから単行本になった。「改造」連載のときから無残にも伏せ字になっていて、大杉自筆の原稿はうしなわれているとしたら、もう復元は不可能なのだ。大杉の生きたのはそういう時代であった。そういうわけで、伏せ字の背景をさぐり、埋めていくというスリリングな興味もまたこの時代の書物を読むときの副産物だということを知ってほしい。

大杉と山鹿ははじめて上海で正月をむかえたわけだが、このとき山鹿は中国人の同志にたいし、戸口の左右におめでたい文句を書いた連句を貼って正月を祝う習慣を利用してアナキズムの宣伝をやろう、と提案した。

「三人で組をつくり、糊を用意してまず淋しい住宅街の一件一件に連句《れんく》を貼ってまわった。ふりかえると両側の家はいずれも無政府主義万歳のことばに彩られて、迎春の気配にみちみちている。ついで徹夜で賑わう四馬路《すまろ》の永安公司《えいあんこんす》と先祖公司《せんそ》との屋上からビラを一斉にまいた。みんなが、わあっと騒いで拾うさまを、私たちはそしらぬふりで落花生をかじりながら見物した。」

(山鹿泰治「たそがれ日記」)

大杉が参加した形跡はない。たぶん、渡航をひかえて慎重を期したにちがいない。

この宣伝は、しばらく上海のアナキストの年中行事になったということだ。

ロシアの農民兵（ライフル射撃）

パリに着く

アンドレ-ル-ボン号の二等の部屋では中国人の学生といっしょになったが、この人とは気があわず、四等のデッキパッセンジャーのロシア人の学生と親しくなった。

ロシアの学生はハルビンからヨーロッパにもどるところだ。ロシア人がヨーロッパにもどるというのはおかしいように聞こえるだろうが、彼らの旅行はなまやさしいものではないのである。

ヨーロッパに留学していた彼らは兵隊となって祖国にもどり、ドイツやオーストリアの軍隊と戦い、そのつぎにはロシアの革命軍と戦って敗れてシベリアに逃げ、ハルビンから船にのってふたたびヨーロッパの大学にもどるのだ。スケールがちがう、という感じである。

大杉が興味をもったのは、彼らがヨーロッパ各国軍や革命軍と戦ったにもかかわらず、帝政復興や反革命の思想をまったくもっていないということだ。

それなら、なぜ革命軍と戦ったのか――大杉ならずとも聞きたくなる。

「要するに彼等は、農民に対するボルシェヴィキの暴虐に憤《いきどお》って、農民等といっしょに武器をとって立っただけのことなのだ。

ボルシェヴィキが食料の強制徴発に来る。農民がそれに応じない。すると、その労働者と農民との政府は、すぐに懲罰隊をくりだす。全村が焼き払われる。男はみな殺される。女子供までも鞭うたれる。そして最後の麦粉までも、また次の種蒔きの用意にとって置いた種子までも持って行かれる。山や森の奥深く逃げこんだ農民等は、いわゆる草賊《そうぞく》となって、ボルシェヴィキに対する復讐の容赦のないパルチザンとなる。

彼等はこの絶望的の農民と一緒になったのだ。そして、やはりまたその農民等と一緒に、帝政復興とか反革命とかの考えは少しもなしに、ただボルシェヴィキに対する復讐と自己防衛とのために、そのボルシェヴィキと戦う唯一の力だと思われた反革命軍に加わったのだ。」(「外遊雑記」)

ロシアの学生は大杉に、ボルシェヴィキに反対するのは正しいという自信をうえつけたことになる。

パリについた。

予想以上に警察の取り締まりが厳格だ。写真を貼った警察の身分証明書をもっていないとすぐに検挙されてしまうという。大杉はそんなものはもっていないから、検挙されたらたちまち国外追放処分になる。前途の多難を覚悟した。

パリのメーデー　1919（大正8）年

パリにもリヨンにもたくさんの中国人アナキストがいた。大杉はベルリンの大会がおわったら在フランス中国人アナキストの組織をつくろうと、その準備に没頭していた。それを朝鮮に、日本に拡大してアジアのアナキストのつながりをつくろうと考えていたのだ。つまり大杉は、ベルリンの国際アナキスト大会だけが目的でパリにきたのではない。

ベルリン大会は、いつ開かれるのか、遅れている。それまでは何としても逮捕されてはならないので、呑めぬワインの練習をしてみたり、ドリィという踊り子の恋人になったり、目的とは違うことで時間をつぶしていた。

ベルリンに行くには、ここでまたパスポートを手に入れなければならない。パリよりもリヨンのほうが容易らしいときいてリヨンに行ったが、きいていたようには簡単ではない。大杉はフランスの同志に、非合法の手段でドイツに越境してはどうかと提案したが承知してもらえなかった。

この時点で大杉は、ベルリンのアナキスト大会出席を諦めたようだ。パリにもどってメーデーを見て、裁縫女工たちのストライキがどうなるか、せめてそれぐらいは観察して帰国しようときめた。

メーデー当日。

パリ市内では集会やデモンストレーションは禁止されていて、たとえメーデーでも郊外の労働者街で集会やデモがある。

そうと知ったときから大杉は、腹がたってたまらなくなった。革命といったらフランス革命、フランス革命といったらパリ、その本場のパリでメーデーのデモ行進をやれないとは、いったい何だ！

大杉は郊外のサン-ドニでメーデー集会に参加した。広場ではなく、労働会館の屋内集会だ。

演説がつづくうち、アナキストらしい聴衆から「演説はあきた、外へ出よう！」といった野次がとんだが、反応は冷たい。業をにやした大杉はコロメルにたのんで飛びいりの演説をやった。フランス語で、「日本のメーデーはこんなお葬式みたいな静かなものではない！」という意味のことをしゃべった。

それでも聴衆は興奮しなかった。

演説をおわって外へ出た大杉は私服警官につかまってしまい、ちかくの警察署に連行された。そこではじめて労働者がさわぎだし、「日本の同志を釈放せよ！」とさけぶ者があらわれ、一〇〇人ほどが拘束された。

大杉の身柄は、サン-ドニからパリの警察にうつされた。

「パスポートを見ろ。おれは中国人の唐継という者だ！」

「名前はサカエ-オオスギ、国籍はジャポネ——そうじゃないかね？」

すっかり調べがついているようだ。

仕方がないから「ウイ」とみとめたら、政治犯の監獄として有名なラ-サンテ監獄に放りこまれた。

ラ-サンテ監獄の暮らしは三週間とすこしだ。未決の収監だから、扱いも穏やかだ。長女の魔子のことを思いだし、心配しないように電報を打とうと考えていたら、歌ができた。

魔子よ　魔子
パパは今
世界に名高い
パリの牢やラ-サンテに。

だが、魔子よ、心配するな
西洋料理の御馳走たべて
チョコレートなめて
葉巻スパスパ、ソファの上に。

そしてこの
牢やのお陰で
喜べ、魔子よ
パパはすぐ帰る

おみやげどっさり、うんとこしょ
お菓子におべべにキスにキス
踊って待てよ
待てよ、魔子　魔子。

「室の中をぶらぶらしながらこの歌のような文句を大きな声で歌って暮らした。そして妙なことには、ちっとも悲しいことはなかったのだが、そうして歌っていると、涙がほろほろと出て来た。声が慄えて、とめどもなく涙が出て来た。」(「入獄から追放まで」)

ちっとも悲しいことはなかった、というのは痩我慢ではないだろう。

サン-ドニの集会場で演説していたとき、四〇ばかりの女が大杉に呼応して、「セエサ、セエサ！（そうだ、そのとおりだ！）」と叫んだのを目にも耳にもおぼえている。会場を興奮させるところまではいかなかったにしても、「メーデーはお祭りじゃない」という大杉の主張に共感する人は確実にいたのだ。それを知っただけでも無駄ではない。

演説をおわって外へ出ようとしたとき、聴衆の何人かが「外へでろ！」と叫んでいたのも耳にしている。

そしてまた――

「これは後で聞いた話だが、会場の中の十数名の女連《おんなれん》が先頭になって、ただ日本の同志だというだけで名も何も知らない僕を奪い返しに来たのだそうだ。そして警察の前で大格闘が始まって、女連はさんざん蹴られたり打たれたりして、その結果一〇〇人ばかりの労働者が拘束されたのだそうだ。警察の中でも、なぐったり蹴ったり、怒鳴りわめいたりする声が聞こえた。」(「入獄から追放まで」)

おんなじことが日本でおこったから、どうなるか？

パリの女性労働者は、「ただ日本の同志だというだけで名も何も知らない」大杉を取り返そうとしたのだが、日本人なら、たとえば朝鮮人労働者がメーデー会場で演説して逮捕されたとわかっても、その場を去ってしまうだけだろう。

それだけではない。

大杉が帰国してから二カ月め、関東大震災のとき日本人の多くは、朝鮮人が井戸に毒を投げこんだという、自らの恐怖が生んだ噂におびえ、かたっぱしから朝鮮人を殺してまわるという蛮行愚行を演じるのである。そして大杉と野枝と、大杉の甥の三人を虐殺する。

そんな恐ろしくも野蛮な日本の街角にいるよりは、パリのラ・サンテ監獄のほうがはるかに安心して激励されるという事実があった

ラ・サンテ監獄の日々

ラ・サンテ監獄の大杉は、その生活を楽しんでいたようにみえる。悪くいったところで国外追放だろうと見当がついていたせいもあったろうが、フランスの監獄そのものに感心しているような感じがする。

『日本脱出記』には「牢屋の歌」「入獄から追放まで」という章があって、いかにも気楽そうに牢獄生活を回想している。〝大杉栄のバカンス〟という言葉がうかんでくるのだ。

子供のころからのことを振りかえってみれば、忙しすぎた。革命をやろうというのだから忙しくないわけはないが、では、忙しくさえしていれば革命は成功するかといえば、なんの保証もない。投獄され、おちついてくると大杉は、これはいい休暇になるじゃないかと、牢獄の内外のことを思いだして楽しもうと決めたにちがいない。

まず、女性のこと。

「パリに

すきなこと二つあり
女の世話のないのと
牢屋の酒とたばこ」

ベルリンの大会がいつ開かれるのか、なかなかはっきりしない。その、イライラする気持ちをしずめるためにも大杉はパリでは遊んでくらしていた。

女性のあとを追いかけていた、と自分ではっきり書いている。

「その追っかけまわしていた女の中に、ドリィという踊り子が一人いた。バルタバレンと言えば、パリに行った外国人で知らないもののない、あまり上品でない、ごく有名な踊り場だ。そこの、と言ってもちっとも自慢にならないのだが、とにかくそこの女の中でのえりぬきなのだ。」

リヨンでのパスポート取得がうまくいかず、むしゃくしゃした気分をすっきりさせようとパリにもどり、その夜はひさしぶりでドリィと過ごそうとカフェで待っていると、別の女性に会った。

「前に一度あそんだことのある、そして二度目の約束の時に何かの都合で会えなかった、それきりになっている、ある女につかまってしまった。

その翌日はメーデーだ。今晩こそはドリィと思っていると、その日の午後、こんどはとんでもない警察につかまってしまった。」

ドリィと会いたい思いを、そのままラ・サンテ監獄にもちこんだわけだ。

「独房の
実はベッドのソファの上に
葉巻のけむり
バル-タバレンの踊り子ドリィ」
「窓のそとは春だ。すぐそばの高い煉瓦塀を超えて、街路樹のマロニエの若葉がにおっている。そしてなすこともなしに、ベッドの上に横になって、そのすき通るような新緑をながめている。そして葉巻の灰を落としながら、ふと薄紫のけむりに籠もっている室の中に目を移すと、そこにドリィの踊り姿が現れてくる。彼女はよく薄紫の踊り着を着ていた。そしてそれが一番よく彼女に似合った。」

ドリィのほか、上海からマルセーユまでのアンドレ-ル-ボン号で一緒になった中年のロシア女性にもかなり親しい感じを抱いた。美人ではなかったらしいが、いったんマルセーユでわかれたあと、またわざわざマルセーユまで会いにいったのだから、親しい以上のものがあったはずだ。アルス版全集の第三巻、『日本脱出記』の口絵に大杉と二人の女性との写真があり、「フランス滞在中の大杉栄」の説明がある。これが問題のロシア女性かもしれない。

このロシア女性のことを東京の野枝に知らせたところ、ジェラシイに満ちみちた返事がとどいた。野枝は、このロシア女性にたいする大杉の愛情を読みとったのだろう。インド洋と地中海をこえた、物狂おしい夫婦喧嘩ではあった。

日本ジャーナリズムの大杉観

大杉は秩序紊乱、官吏抗拒、旅券規則違反などで起訴されたが、パリの法院は旅券規則違反だけを取りあげ、禁固三週間の判決をくだした。フランスの法律では未決収監の時間も計算されるので、その日にラ-サンテ監獄から釈放された。

出獄の置き土産として、独房の壁につぎの文字を刻みこんだ。

E. Osugi
Anarchiste Japonais
Arrete a S. Denis
Le 1 Mai 1923

監獄から警視庁につれていかれ、即時国外追放を言いわたされた。スペインに出ろという指示だったが、日本大使館が本国からスペインへのパスポート発行を禁じられたので、結局は日本へ送還されることになった。箱根丸の二等船客となって、六月三日にマルセーユを出港、神戸入港は七月一一日。

もっとも、ふつうの乗客といっしょに上陸したわけではない。和田岬の検疫所で水上警察に身柄を拘束され、ランチで上陸したようだ。

しかし、箱根丸のタラップで写した写真ものこっているから、船中で新聞記者との会見はあったとおもわれる。

パナマ帽をかぶり、右手に葉巻をもつ大杉の姿は、近藤憲二がいったように、まさに「凱旋将軍」そのままだった。

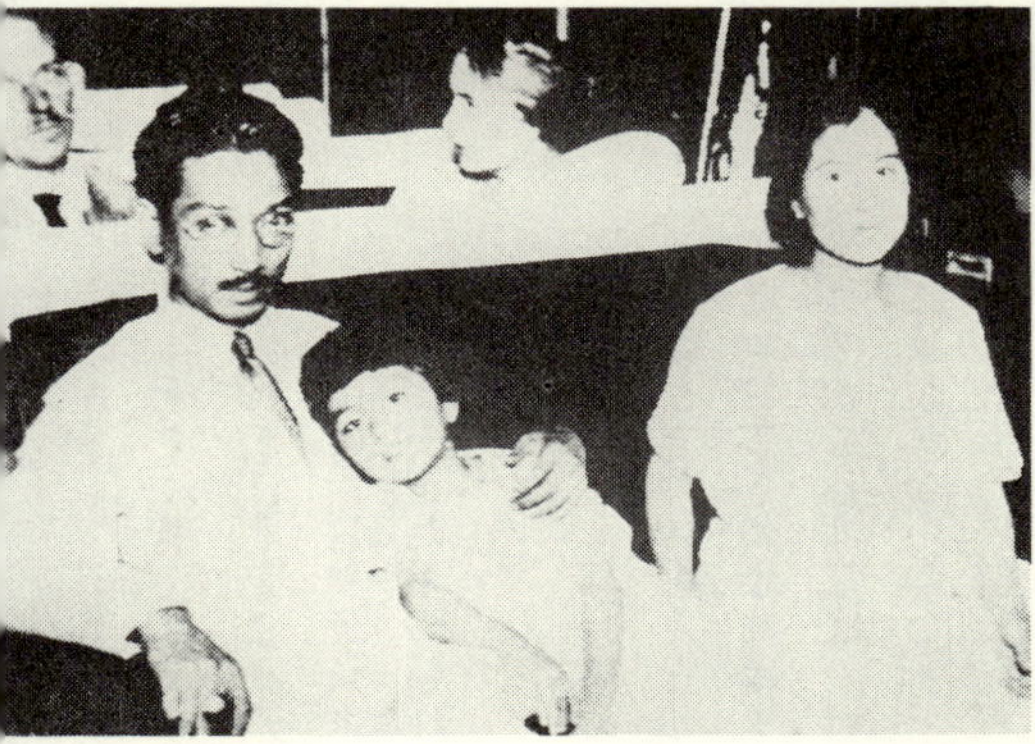

パリから帰国した大杉（野枝と魔子とともに）

華々しい談話や写真が新聞をかざり、それが恐ろしい社会主義者、いやもっと恐ろしい無政府主義者大杉栄だということに神経を研ぎすませ、顔をしかめる者がでてきても不思議ではない雰囲気になってきた。

ちなみに、大杉がフランスにわたってから日本の新聞がどのように報道していたのか、さかのぼって見てみよう。

「大杉栄氏は庫倫《クーロン》から赤露《せきろ》へ――ウラジオ滞在中の邦人社会主義者に達した報道によると大杉氏は、北京から綏寧《すいねい》鉄道によりて大同府を経て蒙古に入り、昨今庫倫に入り旅行をつづけているが、庫倫からは何等支障なく無旅券にて露国に入ることができるといっている。」（東京日々）

「チタに現れた大杉氏——満洲里《まんしゅうり》より長 春《ちょうしゅん》に来たれる信ずべき某日本人の語る所によれば、大杉氏は北京より張家口《ちょうかこう》、庫倫、恰克《キャクタ》園を経て一月二一日チタに到着し、二二日国際共産党青年団に対しフランス語で講演をなし、モスコーに向かって出発せり。」（東京日々）

大杉は大正九年の暮れごろから東京日々新聞の記者の身分になった。給料をもらう正式な社員として雇われたのではなくて、いまでいう契約記者であったろう。だからこそ東京日々も大杉の行方を詳細に報道しているわけだが、それにしても、じつに甘い報道ではある。

もうひとつ、なんとしてでも大杉とモスクワをむすびつけたいという姿勢に注目する必要がある。革命ロシアへの恐怖は、モスクワに焦点をあわせることでいっそう高まるのである。現代のジャーナリズムでしばしばいわれる〝読者のニーズに応える〟というやつが大杉とモスクワをむすびつけずにはおかないのだ。

それを媒介するキーワードは革命—社会主義—赤色ロシアであり、アナキズムのことはまったく認識されていない。

「片山、大杉を中心に三国の主義者聯盟《れんめい》、ちかく北京で旗揚げ——露領にはいったと伝えらる大杉栄氏及び藤田浪八等は依然支那領にありて片山氏をたすけ各種画策に従事しおれる模様にて、北京にある不逞鮮人《ふていせんじん》の首領等は日本社会主義者との聯絡《れんらく》により武器並びに運動資金の豊富な供給を受け、ちかく北京において鮮露支三国の社会主義者共産主義者無政府主義者を網羅せる一大社会同盟が組織される模様で、目下大杉氏朝鮮人呂運亨《ろうんきょう》支那人陳独秀露人ダクシャン等その準備に奔走中である。」（万朝報）

片山潜はコミンテルンの委員になっているのだから、大杉からみれば「為されてはいけない革命」を世界じゅうに輸出しようとしている悪の元凶だ。その片山が極東三国の社会主義者同盟をつくるというなら、大杉は反対こそすれ、協力するなんていうことはありえない。まったくわかってはいないのだ。

ロシアに入った、いやまだ中国にいる、などと報道されているころ大杉はフランス船アンドレ・ルボン号でマルセーユにむかっていた。そして、農民擁護の立場からボルシェヴィキ政府と戦って敗れたロシアの学生たちと意気投合し、中国のアナキストとの連携を構想しているのである。日本のジャーナリズムは、そういうことを、まったく認識していない。

もっとも、ジャーナリズムの甘い、偏見にみちた認識のおかげで日本官憲の目はくらまされたから、大杉のフランス行きはそれだけ容易になったとはいえる。怪我の功名というやつだ。

「大杉栄氏あす上海に――大杉栄氏が乗っておる郵船箱根丸は、六日上海に寄港する筈であるが、氏が上海に上陸するか、あるいはそのまま日本に帰るかどうか注意されておる。氏は昨秋上海に来て朝鮮人や陳独秀氏等と企てた仕事が残っておるから、どうかして上陸するだろうと信ぜられるが、上海では日本警察が厳重な警戒をしておるので、或いはシンガポールかホンコ

ンで上陸し姿をくらますかも知れぬと。」(東京日々)

この記事には事実関係のミスはないが、コミンテルンの指示による三国社会主義者同盟の結成の計画と大杉とをむすびつけて疑わない姿勢は変わっていない。

そしていよいよ七月一一日の神戸到着。

林田署《はやしだ》で約三時間の取り調べをうけたのち釈放され、安谷寛一《かんいち》とともに人力車をつらねて須磨《すま》の旅館松月楼《しょうげつろう》にいき、伊藤野枝や魔子と会った。

それから記者会見となる。

記者団のうしろに高等特務警察が数人陣どったが、「警察の調べは済んだ。君たちと話をする約束はしていない」と、あっさり追いはらった。颯爽《さっそう》たる役者ぶりではある。

「先方(ヨーロッパ)では戦争後、無政府主義者は脅迫されて、現在では共産党の勢力の方が多いようです。露国では八万人からの指揮者が居り、独逸を第二の露国にしようと努力して居ます。併し現在の所では独仏伊の三国中、伊太利が一番盛んでしょう。」(東京朝日)

松月楼旅館で一泊し、翌一二日の午前八時一三分神戸駅発の特急で東上する予定ということまで記事にしている。まさに大杉は超重要人物としてあつかわれている。

特急列車には記者たちも同乗したらしい。いまでも「箱乗り」といわれている取材方法だ。一等車の座席で大杉と野枝、そして魔子がならんだ写真があるのは記者が撮影したものだろう。

東京駅につくと、一等車からヘルメットをかぶって降りたち、近藤憲二によると「新聞社の連中から凱旋将軍のような騒ぎをされた」のである。

東京朝日の写真には「問題の人、大杉栄氏帰京」のコピーが添えてある。

まさに大杉は「問題の人」であった。

凱旋将軍、英雄のようにあつかわれる大杉に〝日本国家、日本社会の不安〟を痛感する人がでてくるのは、ある意味では当然であった。

東京にかえった大杉は駒込の労働運動社で何日かすごし、それから豊多摩郡淀橋《よどばし》の柏木《かしわぎ》にうつった。

すぐに五人めの子供がうまれ、大杉はネストルと命名した。このころ大杉がうちこんでたロシアのアナキスト、ネストル＝マフノにちなんだ命名である。

子供を乳母車にのせ、淀橋のあたりを散歩する大杉夫妻の姿はいかにものんびりしていて、戦士の休暇をおもわせる雰囲気であったらしい。

そのころ大杉は『自叙伝』と『日本脱出記』の刊行の仕事に追われていた。『自叙伝』は雑誌「改造」に連載されたのだが、それに「獄中生活」の章などを加えて一冊の単行本として刊行されることになったのである。

『日本脱出記』のほうは、いま終わったばかりのヨーロッパ旅行の、リアルタイムのドキュメン

大杉の子供たち　左からルイズ・魔子・（抱かれている）ネストル・エマ

トだから全部が全部、新しい原稿を書かなければならず、編集者がつめかけていて、原稿が一〇枚でも二〇枚でもできるとさっさと持っていくという忙しさだった。

その一方で大杉は信友会、正進会、機械技工組合、芝浦《しばうら》労働組合などの労働組合の会合に毎晩のように出席していた。東京だけではなく、北九州の労働運動にも強い関心をもっていて、近藤憲二を派遣していた。

このころ大杉がいちばん強い関心をもっていたのはアナキストの連合組織をつくることであったようだ。

労働組合とどう関係するかという問題はあるが、それはそれとして、全国的なアナキストの連合組織の必要性をフランスの見聞のなかから痛感したのである。上海やパリで中国人アナキストの連合をつくろうと試みた大杉が、それと同じ試みを日本でやろうというわけである。

最初の準備会のような会議がひらかれたのは八月の末であったようだが、第二回がひらかれることはなかった。九月一日の関東大震災が、すべての試みを灰塵に帰してしまうのだ。

大震災と流言蜚語

大正一二（一九二三）年九月一日午前一一時五八分、伊豆大島付近の海底を震源地とする大地震がおこった。東京の中央気象台の地震計は破壊されて測定できず、東京帝大の二倍地震計だけが記録できた。それによると、震源地からはなれた本郷でさえ最大八八・六ミリメートルというおそるべき数値をしめしていた。マグニチュード七・九におよんだといわれる。

東京では、山手台地でこそ一割台の家屋倒壊だったが、埋め立て地の下町では二割五分もにおよぶ家屋が倒壊した。昼食どきとあって各地に火の手があがり、市民の退路をふさいだ。両国の陸軍被服廠《ひふくしょう》あとの空き地は江東《こうとう》地区最大の避難場所になったが、ここにも火の手があがり、おりからの旋風にあおられて猛火となり、逃げ込んだ人のうち三万八千人を焼き殺した。

通信と交通はずたずたに遮断され、飢えの不安と疲労になやまされた人々のあいだに、「朝鮮人が井戸に毒をなげこんだ」とか「社会主義者が放火をはじめた」といった、根拠のない、だがそれだけに影響力のつよい噂がひろまった。

そして、軍隊や警察の指導部は、流言蜚語《りゅうげんひご》をうちけす方向ではうごかず、逆に煽動する側にまわった。大杉栄、妻の伊藤野枝、大杉の甥の橘《たちばな》宗一《むねかず》の三人が憲兵隊の手によって虐殺されたのは、この混乱のなかの出来事だった。

九月一日の夕方、小説家の内田魯庵《ろあん》は魔子とルイズとをつれて避難所にあらわれた大杉と話をし

出火直前の両国陸軍被服廠あと

ている。そのとき大杉は、しばらくは原稿の催促もこないだろうから地震に感謝しているくらいだと言い、気楽な表情だったという（『おもひ出す人々』）。

原稿催促の話は近藤憲二も聞いている。つまりそれが大杉の素直な感想であったのだ。

大杉の家には服部浜次《はまじ》や袋一平《いっぺい》ら、下町の家を破壊された同志の家族が避難していたから、淋しい気分はなかった。

大杉は、自分の身辺が危険だという認識をもっていなかったのだろうか？

「そして九月八日、私たち労働運動社の連中は、病身の村木を除いて、所轄駒込署へいっせい検束された。和田などは、もっとも一晩だけだったが、四〇度ちかい熱を出して寝ているところを布団ごとかつぎこまれたほどであった。労働運動社だけではない。本郷千駄木《せんだぎ》町にあった望月桂《かつら》ら『小作人社』の連中も引っぱられてきたし、駒込林町にいた労働総同盟の麻生《あそう》夫妻が生まれたばかりの赤ん坊といっしょに連れてこられたりした。そして結局、小作人社と労働運動社関係の一〇人ばかりが、保護検束の名目で留置されることになった。」(近藤『一無政府主義者の回想』)

諸君の身柄が危険だから警察に保護してやる、という意味の検束ではない。〃悪いことをやりそうな〃人間を、やらせないように留置しておく、それが保護検束だ。もっとも保護検束されているあいだは〃悪いこと〃はやれないから、結果的にはたしかに保護されることにはなる。

保護されているあいだ、なにかのことがきっかけで近藤たちが騒いだ。すると巡査部長がとんできて、「あまり騒ぐと、習志野《ならしの》の騎兵隊に引き渡すぞッ」と怒鳴った。

そのときは何のことともわからなかったが、出てからわかった。純労働組合の平沢計七《けいしち》、南葛《なんかつ》労働組合の河合義虎たちが習志野の騎兵隊によって虐殺されていたのだ。いわゆる亀戸事件である。

近藤の回想をつづけよう。

「日は忘れたが、看守のおき忘れた新聞を見ると、戒厳司令官の更迭と憲兵司令官停職のことが出ている。おや、これは何かあったな、と思った。と同時に、ある不吉なものが私の胸を流れた。そしてそれが、事実のように心のなかにひろがるのだ。一口にいえば第六感とでもいうのであろうか。そして十数日がすぎた。一〇月二日の夕刻である。私は特高の部屋へ呼び出された。和田が面会にきているのだ。

『君だけ、あすの朝だしてもらうことに話がついた。君は何もわかっていないだろうが、大杉の子どもたちが、福岡の野枝さんの実家へ引きとられて出発することになっている。』

和田は身じろぎもせず、私を見つめていった。私は『わかっている』と答えたが、実は何もわかってはいなかったのだ。ただ私の予感と和田君の言葉と結びつけて、そのときはじめて一つの結論を得たにすぎなかったのである。留置部屋へ帰って、話があるから集まってくれというと、みんなが輪になった。

『いま和田がきてね……』と私がいいだすと、望月桂が『大杉がやられたんだろう？』というのだ。二人とも十数日来、同じことを考えていたのである。そしてお互いそれをいいだし得ないでいたのだ。」

大杉の同志たちは、逮捕されないまでも保護検束という目にあっていた。東京の町ぜんたいが混乱をきわめていて、同志たちの連絡がよくとれなかったこともあったろうが、大杉に油断があったといわずにはいられないのである。

大杉が仲間のまえから姿を消したのは九月一六日である。

その日、大杉と野枝は神奈川県の鶴見《つるみ》に行った。大杉の弟の大杉勇の家族が川崎《かわさき》にすんでいて、一時連絡が途絶えた。何度か手紙をだしたが届かないらしく、返事がこない。いらいらしているうちに、弟一家が無事で、鶴見に避難しているとわかり、大杉夫妻は鶴見に行った。そして、勇の家族といっしょに避難していた橘宗一を東京につれて帰ることにした。橘宗一は、大杉の妹の橘あやめの子である。

大杉と野枝、そして橘宗一の三人はつれだって鶴見から東京にむかった。そして、この先のことはすべてが闇のなかである。

大杉たち三人が殺された事件は公式には「甘粕事件」といわれている。憲兵大尉の甘粕正彦《あまかすまさひこ》が曹長一人、上等兵三人に指示して大手町の東京憲兵隊で扼殺した。三人の死体は菰でつつまれ、憲兵隊構内の古井戸になげこまれ、その上に煉瓦やごみをなげこんで死体を隠す工作がおこなわれた、ということになっている。

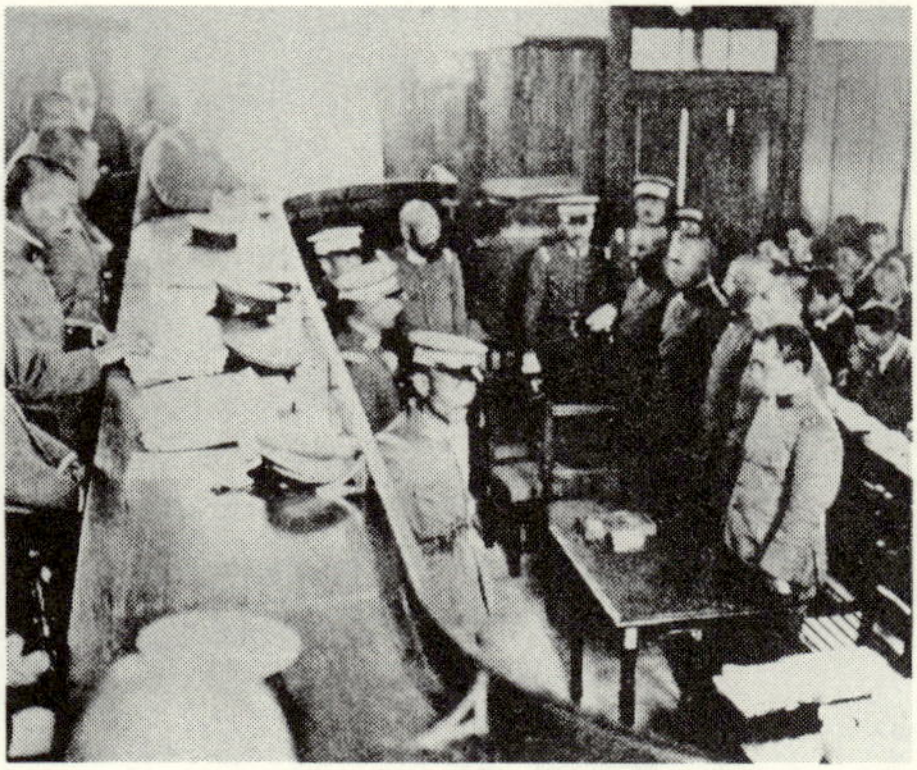

甘粕事件第6回公判（右端が甘粕大尉）

このことは甘粕正彦を主犯とする軍法会議の判決書がいっていることにすぎず、当時から疑問視する説がおおい。たとえば、麻布三連隊の中庭で射殺されたという見方も有力であり、とすれば虐殺は陸軍の意志によって強行されたことになる。

死体をしらべれば虐殺の方法がわかるわけだが、大杉たちの死体が返却されたときにはすでに腐敗が進んでいて、何もわからない状態であった。

軍法会議の判決は一二月八日にくだり、甘粕正彦憲兵大尉は懲役一〇年の刑をうけた。

甘粕は大正一五年一〇月、刑期の三分の一にも満たない服役で釈放され、パリに留学し、その後は満州にわたって暗躍していた。満州国がつくられると日本の警視総監に相当する警務長官をつとめたあと官職をさり、満映を背景にして満州に君臨、日本の敗戦と同時に服毒自殺した。

復讐の試み

労働運動社を中心として無政府主義諸団体や自由連合派労働組合による大杉の葬式は一二月一六日、東京谷中《やなか》の斎場でおこなわれた。

その日の朝、労働運動社へ見かけない三人の男があらわれ、焼香したいという。三人のうち、紋つき羽織りに袴の正装の一人が遺骨のまえで焼香した。ほかの二人は、どんなにすすめられても縁側からあがらない。

労働運動社の者が昼飯をくっていると、とつぜん、「この骨は俺がもらっていく！」という声がして、正装の男が三人の遺骨のはいった風呂敷づつみを片手に、片手にはコルトのピストルをかまえている。

男は門のところに走り、後を追う近藤憲二にピストルをつきつけた。近藤は空砲だとおもい、

「射ってみろ！」

バシャッという音がしたが、近藤は「からだまだ！」と叫んで男の後を追う。望月桂が応援にできて、二人がかりでつかまえた。

労働運動社の前には尾行巡査の小屋があるし、すぐ近くは駒込署だ。それなのに尾行巡査は逃げてしまったし、駒込署の警官は男がつかまってからでてきて、渡せという。ごたごたしている間に、別の二人の男が遺骨をもって、待たせていた自動車で逃げてしまった。そういうわけで、その日の午後の葬儀は遺骨なしの異例のものになった。

大杉たちの遺骨を奪ったのは大化会《たいか》という反動団体のメンバーであった。一二月二五日、大化会代表の岩田富美夫《ふみお》が遺骨をもって警視庁に出頭し、二七日に連絡があったので村木源次郎が受け取りにいった。

ところがこの日には大事件がおこっていたのである。虎ノ門事件――難波大助《なんばだいすけ》が摂政宮(のちの昭和天皇)を狙撃して失敗したのだ。村木は遺骨を受け取りにいったものの、警視庁はごったがえしていて遺骨どころではない。

特高課の部屋にいくと、警官が出たり入ったり、誰も村木には目もくれない。課長の机に腰をおろし、まずタバコを一服。机には弁当がおいてあるので、ベルをならして給仕をよび、お茶をもってこさせてゆっくりと弁当をくった。

どこかの署長らしいのがはいってきて、村木に丁寧に礼をして、ちょっと電話をお借りしますと断って、どこかへ電話をし、また村木に礼をして出ていった。

いくら待っても遺骨を受け取れそうもないので、村木はそのまま帰ってきた。

福岡にある大杉と伊藤野枝の墓

その日の村木はお坊さんの作務衣《さむえ》みたいなものを着ていて、どうしたって役人には見えない。このことを笑われると村木は、「ところが見えたんだからね」と平然として答えるのであった。

この村木は身体が弱く、仲間とおなじように活動できないのを悩んでいた。大正一三年九月一日すなわち関東大震災の一周年の日に和田久太郎が震災当時の戒厳司令官福田雅太郎《まさたろう》大将を狙撃したが、失敗した。この襲撃には村木も参加していて、一周年記念演説会の演壇の真っ正面に席をとって福田大将の到着をまっていた。福田が会場につくまえに和田が狙撃して失敗したので、村木は連座の罪で逮捕された。

村木は市ケ谷刑務所に入れられたが、病気になり、翌年一月、労働運動社で死んだ。

和田久太郎は無期懲役となって秋田刑務所におくられ、昭和三（一九二八）年に監房内で自殺した。著書『獄窓から』はベストセラーになった。

「杉よ！　眼の男よ！」

大杉栄の容貌では、ギョロッとした目玉が特徴だ。

しばらく会ったことのない親戚をたずね、名前をいわずに、「ぼく、誰だかわかる?」といったら相手は、「そんな大きな目の者はほかにはいないからね、わからんはずがないよ」と言ったという話を大杉は書いたことがある。

中浜哲という男は古田大次郎らとテロリストグループ「ギロチン社」を結成、和田や村木とは別の方法で福田雅太郎大将の暗殺をねらっていた。

結局は失敗し、死刑になってしまうのだが、その中浜が大杉の復讐を決意したときに「杉よ!　眼の男よ!」という詩をかいて大杉の霊にささげた。

杉よ!　眼の男よ!
俺は今、骸骨の前に起って呼びかける
慈愛の眼　情熱の眼
沈毅の眼　果断の眼
すべてが闘争の器に盛られた
信念の眼!
女の魂を攫む眼
それ以上に男を惑わした眼
彼の眼は太陽だった

遊星はために吸いよせられた
彼の死には瞑目がない　太陽だもの
杉よ！　眼の男よ！
更生の霊よ
大地は黒く　汝のために香る（抄）

II 大杉 栄の思想

美は乱調にある、階調は偽りである。

ここから先は、大杉栄というきわめて魅力的な人物を、主としてその思想の面に重点をおいてみていく。

アナキズムとは、どういう思想か？

第一にとりあげなくてはならないのはアナキズム（無政府主義）にたいする大杉の考えかただが、そもそもアナキズムという思想はポピュラーではない。だからまず、アナキズムとはどういう構造をもつ思想であるかという、いわば初歩のところから考えていかなくてはならない。

こう書くと、なにかアナキズムが面倒至極《しごく》の、それこそ魔女の唱える呪文みたいなものに思う人がでてくるかもしれないのだが、すでにIをよんできた読者にはそういう先入観はないはずだと安心している。

さて、アナキズムとは未来を目指す思想、そしてその運動である。過去に体験したことのないものを未来において実現しようという思想と行動のことだ。

しかしわたしは、Iでもすこし書いたように、アナキズムは人間にとって非常に懐かしい、大事なものごとの一つではないか、と考えている。

アナキズムという言葉をキーワードにしていろいろと考えていると、これは人類共通の記憶をさかのぼっていっているのではないか、そういう気分になることがある。何百何千年前の人間も、いまの自分とおなじことを考えていたのではないか。——わたし自身の体験では、これがアナキズムの強みといったものではないかとおもう。

イギリスのロバート＝オーウェンやフランスのサン＝シモンといった思想家たちはユートピアとしての社会主義を創案した。搾取もない支配もない、自由で平等の社会。

しかし、そこにどうやって到達するのか、現存する支配権力をどうやって消すのかという展望はもっていない。だからユートピアなのである。

資本主義生産の拡大につれ、大量の労働者がうまれた。労働者は組合をつくって資本家に対抗し、劣悪な環境を改めさせようとする。たいていの場合は敗北におわるが、ときとして成功することもある。

そこで、こういう考えがおこってきた——この労働者の力が、ユートピアだとしてもまともに相手にされない社会主義を実現させるのではあるまいか、権力を倒せるのではあるまいか？

労働者とむすびついて、はじめて社会主義は現実のものになった。

現実のものになった社会主義は、そのつぎの段階で、権力との関係をどうするかをめぐって二つの潮流にわかれた。

ミハイル＝バクーニン

カール＝マルクス

①労働者も権力をもち、その力で旧権力をたおし、理想社会を実現する――権力容認――この典型がマルクス主義だ。ロシアをはじめとして東欧や中国の革命はこの立場で成功した。逆にいうと、この立場にたたない革命は一つも成功していない。

②敵と味方とを問わず、どんな権力にも反対する――権力否認――これがアナキズムだ。

ヨーロッパ近代史の知識のある人なら、あの有名なカール＝マルクスが社会主義第一インターナショナルでどうしてもミハイル＝バクーニンに勝てなかったという事実を知っているだろう。バクーニンはロシアのアナキストだ。

第一インターナショナルに参加した労働者の多数は、マルクスではなくバクーニンを支持した。権力容認のマルクスではなく、権力否認のバクーニンを支持したのである。資本家と政府に圧迫される労働者は自己防衛のために連帯する、連帯せざるをえないのだ。そしてこの連帯の体験のなかで労働者は、どんな形の権力でも自分たちにとっては敵なのだという事実を、ほとんど本能的に理解したのである。

マルクス主義とアナキズムの相違はこの二人の相違にかさなっている。たとえばマルクスは自分では動かずに他人に指示して動かせるタイプで、反対にバクーニンはなによりもまず自分で行動してしまうタイプだ。

バクーニンはロシアの富裕な貴族だが、早くからヨーロッパ革命に参加し、ドレスデンの暴動に失敗して死刑判決をうけ、ロシアに送還された。シベリアに追放されたが脱走して日本にのがれ、日本からアメリカにわたって地球を一周し、またまたヨーロッパの革命戦線に舞いもどるという、なんともドラマチックな生涯をおくった。

共産主義者は、どういう国家権力をつくるかに議論を集中するが、自分はどうやって国家を廃止するかに全精力を集中したい――これがバクーニンの考えである。つまりバクーニンにとっては、国家権力をつくるからこそ共産主義は敵になる。これがアナキズムだ。

資本主義の国家は強い。しかし、その資本主義の国家を共産主義革命が倒したとしたら、そこにできる国家はもっと強いものになるだろう。労働者は資本主義の時よりもっと悪い条件のもとに置かれる恐れがある。だから、いまのうちに共産主義を殺しておかなくてはならない――これがロシア革命までのアナキズムの課題であった。

大杉栄のアナキズム

大杉栄は幸徳秋水の影響をもっとも強くうけてアナキストになった。弾圧をのがれてアメリカにわたった幸徳は明治三八（一九〇五）年のロシア第一次革命のニュースに狂喜した。

この革命は敗北してしまうのだが、幸徳は労働者がゼネラル－ストライキを決行したことに強い衝撃をうけた。ゼネストの方向が、議会設置によって危機を回避しようとする支配階級の思惑にたいして真向《まっこう》からNO！をつきつけるものであったことに激励された。

翌年に帰国した幸徳は、歓迎会の席で「世界革命運動の潮流」という題の演説をおこない、議会による日本の改造という幻想とは絶縁しなければならないことを主張した。当時はすでに普通選挙が話題になっていたが、幸徳の主張は、普通選挙をめざす運動さえも幻想にすぎないという意見につながる。

労働者の利益は議会では守られない、労働者のことは労働者自身の手で解決しなければならない、その方法は労働者の直接行動、つまりゼネラル－ストライキだ。社会主義者はこれに協力して革命にもっていくべきである——これが幸徳の意見だった。

幸徳はこの姿勢で運動に入ろうとした寸前に大逆事件で死刑になり、彼のあとを大杉がついでいくことになる。

しかし、バトンタッチは直接には実現しなかった。「冬の時代」がやってきて、社会主義のことは一言も口にだせなかったからだ。

だから大杉は、社会ではなくて、まず人間の問題から手をつけなければならなかった。仕方なく遠回りしたその結果が、大杉のアナキズムをどんなに幅の広い、奥行きのあるものにしたか、測りしれない。

Iでも書いたように、そこに彼の雑誌「近代思想」の重要な意味がある。そこでつぎに、大杉が「近代思想」に書いた文章のいくつかを読んでみることにしよう。

「法律は人を呼んで国民という。道徳は人を指して臣下という。

法律が軽罪人を罰するのは、わずかに数カ月あるいは数カ年にすぎない。けれども道徳はその上にさらにその人の人生を呪う。

法律は着物のことなどにあまり頓着しないが、道徳はどうしてもある一定した着物を着せたがる。

法律は何かの規定のある税金の外は認めもせず払わせもしないが、しかし道徳は何でもかでもお構いなしに税を取立てる。

法律はずいぶん女を侮蔑してもいるが、それでもともかく子供扱いだけはしてくれる。道徳は女を奴隷扱いにする。

法律は、少なくとも直接的には、女の知識的発達を礙《さまた》げはしない。ところが道徳は女を無智でいるように、しからざればそう装うように無理強いする。

法律は父なし児を認める。道徳は父なし児およびその母を排斥し、罵詈《ばり》し、讒訴《ざんそ》する。

法律は折々圧制をやる。けれども道徳はのべつ幕なしだ。」

「法律と道徳」という文章の全文である。社会主義もアナキズムも労働運動のことも、何もいってはいない。しかしこの文章が、禁止されていることよりももっと徹底した体制糾弾の弾丸であることは明白である。自由の観点から人間を考えていて、戦わなければ自由は獲得できないから革命するんだという姿勢、それがアナキズムなのだ。

「法律は折々圧制をやる。けれども道徳はのべつ幕なしだ」のところは、とくに衝撃的だといえる。「戦え！」と叫んでいないが、それは「戦う」という表現を禁じられているからであり、禁止が解ければそのまま「戦え！」の叫びになる。

大杉の文章はだいたいが素直に書かれているから、読むほうも素直に読めばいい。しかし、深読みしてもかまわないじゃないかということで言えば、「マルクス主義にはここまで深く人間のことを考えるのは不可能だ」といった大杉の主張があるかもしれない。

それからまた、大杉は内心でこの文章の「女」を「労働者」にも置き換えて読んでほしいと考えていたかもしれない。もちろん、大杉の内心がどうであれ、読者はまず「女」を「女」として読み、つぎに「労働者」に置き換えて読んでかまわないのである。

マルクス主義の政府は、法律を変えて軽い犯罪人を罰することを止めるかもしれない。しかし、その人の生涯を呪うことはもっと激しくするかもしれない。

圧迫されている人間には、政府が変わるぐらいでは救いはやってこない。自分の問題は自分で解決しなければならない。それがアナキズムの精神——自主・自発につながる。

貴族でも、自由を尊重するなら

「雑誌といえば、今日の日本の文芸雑誌の中で、僕は『白樺《しらかば》』が一番好きだ。創作にしろ評論にしろ。早稲田や三田や帝文などの、とても及ばぬ新味と深味と強味があるようだ。

白樺の人たちは、貴族の坊ちゃんと言われるのが何よりも嫌《きら》いだという。しかし事実は事実に違いない。そして僕はこの事実から、あの人達の行動を少なからざる興味を持って見ている。」

(「座談」。早稲田は「早稲田文学」、三田は「三田文学」、帝文は「帝国文学」)

貴族は新文化や新思想の紹介のうえで大事な働きをしてきたと書いたあと、大杉はこうつづける。

「フランス革命当時の話に、貴族同士の間にはまったく階級的精神が滅ぼされていたけれども、平民同士の間には厳重に幾段かの階級が守られていたという。今日でも親が子供を比較的に自由にしているのは貴族だ。平民はいくら理屈を言われても分からない。そして今の中から親の言うことは何でも聞くように仕込んで置かなかったら、私達が年とってからどうしてこの子等に食わして貰えましょう、などという。

白樺はこの貴族の血を受けて、そして一面において父祖からの悪弊に反抗すると同時に、他面において成上りのブルジョワジーに反抗する、若い貴族の人達から成る。

僕達は白樺を見るたびに、いつもトルストイやクロポトキンの少年時代を想う。トルストイやクロポトキンは、白樺の連中のような若い貴族が、さらにもう一つ改宗した人じゃあるまいか。」

貴族のほうが子供を自由にしている――じつに皮肉で、かつ深刻な現実がある。自由を享受する貴族の子供は、その自由をつかって貴族社会の伝統に反抗する――これまた皮肉な現実だ。

大杉はもちろん、貴族社会なんか硫酸をぶっかけて倒してしまおうと思っている。しかし、その貴族の子供たちが自由を何よりも尊重すべきものだとして、貴族のお坊ちゃんなどと嘲笑されるのに耐えてがんばっているのをみれば、応援せざるをえない心境になる。

いわば貴族は、身分と伝統で代金を先払いするかたちで自由を手にいれている。とすれば、圧迫されている人間が自由を手にいれるにはどうすればいいのか？――それを大杉は自分と労働者たちの課題だと思っている。

「近代思想」が文芸雑誌であるのは、戦闘的な姿勢をとらないということを意味しない。たとえばつぎの文章などは、じゅうぶんに戦闘的だ。

当時は「秩序紊乱《びんらん》」という刑罰があった。大杉も何度かこの法律にやられているが、秩序紊乱という刑罰があるのはそれだけ日本の秩序が弱い証拠ではないかと、大杉はいう。

山形県の酒田町で発行されていた「木鐸《ぼくたく》」という雑誌に「労働者セウィリオフ」という記事がのった。アルツィバーセフの作品の簡単な紹介記事である。ところが、そのうちの一〇行ほどが、無政府主義を宣伝したという理由で、筆者の斎藤恵《さいとうけい》という人が検挙されてしまったのだ。

「アルツィバーセフ作『労働者セウィリオフ』は、かつてその全訳によってはいささかの秩序をも紊乱することなかりしが、今やわずか一ページ半のその内容の紹介によって秩序を紊乱す。

しかもその紊乱の主因は、わずかに一〇行の無政府主義の説明にありしと言う。

わずかに一〇行の無政府主義の説明をもって、われわれはこの大日本帝国の秩序を紊乱するに足る以上、われわれはもはや、この大日本帝国の基礎のいかに薄弱なるかを疑わざるを得ない。

希《ねが》わくは大日本帝国よ、われわれが敵として戦うべく、もうすこし張合いのあるまでに、汝の基礎をして堅牢ならしめよ。」（「秩序紊乱」。「平民新聞」一号にも「秩序紊乱」という同題の文章が載っている）

さて、先に「法律と道徳」という文章を紹介したことがある。これを読むと、大杉は道徳と名のつくものをすべて忌みきらっていたかのような印象がするだろうが、そういうわけではない。大杉は「新しい道徳をつくるんだ！」と叫んでいた。既存の道徳は自分や、自分とおなじ感情をいだく人間には耐えられないから、そうではない新しい道徳をつくる。道徳革命といってもいいわけだが、道徳だけの革命が成功するはずはない。社会の革命にともなって道徳も変化するのである。

「社会のある少数者の間に、その道徳が全く変わってしまう時代がある。

まことに危険なる時代である。

かつては最も道徳的であるとせられていたことが、今度は反対に、最も不道徳的なことであるとせられて来る（略）

そしていわゆる不道徳的な行為をすることをもって、みずからに対する、および世間に対する最高の義務であると認めるような人が出てくる。

まことに危険なる人物である。

けれども史家の教うるところによれば、この危険なる時代において、この危険なる人物によって歴史は常に向上の一転化をするのだという。

道徳を創造するんだ。

幸いにこの種の時代に生まれて、この種の人物の一人に数えられる。

覚していた。

まことに千載《せんざい》の一遇である。」(「道徳の創造」)

大杉は、自分の言動が人類の歴史に、ある一点をしめるに足るものだということをはっきりと自覚していた。

「生の哲学」

大杉は「生《せい》の哲学」を唱えたといわれることがある。

ショーペンハウアーを祖とする、今日の実存主義のような位置をしめていたのが「生の哲学」なのだが、大杉は別にこの哲学を日本に紹介しようとしたのではない。自分の思想にパワーを導入したいとおもい、「生の哲学」に白羽の矢をたてたのである。

何度もいうことだが、当時の社会主義者は実際に活動することを禁じられていた。そしてもし禁止が解除になったとしても、すぐには動きだせない状況にあった。

明治社会主義者の主流、たとえば堺利彦や山川均たちは「今は動けない、動くべきではない」と判断していた。弾圧にともなう犠牲の激しいことは明白だから、「動けない、動くべきではない」という判断そのものは正しい。また彼らはマルクス主義の「歴史的必然」という論理を信じていて、資本主義は必然的に倒れ、労働者の権力が国家をにぎる時はかならずやってくる、今はまだその時ではないと考えていた。

大杉は同意しない。

その時がくるまで待っていたら、出来上がる権力は労働者のものではない、何か別のものになってしまうのではないかという予感をもっていた。

労働者は今日の今という瞬間に圧迫され、搾取され、本当の自分から遠ざけられている。この問題は、その時がくれば解決されるというものではないのは明らかなのだ。

今日の今、労働者が自分にやられること、やっておかなければならないこと、それは現に生きているということの中にあるはずだ。

だから大杉は「生」を問題にした。

「近代思想」に連載した一連の文章——「生の拡充」「鎖工場」「征服の事実」「生の創造」「賭博本能論」「正気の狂人」は社会主義、アナキズムの思想に現実のパワーを導入しようとした大杉の奮闘の跡だ。

「征服だ！　僕はこう叫んだ。社会は、少なくとも今日の人の言う社会は、征服にはじまったのである。」（「征服の事実」）

高山樗牛《ちょぎゅう》のある評論を読んでいたら、ブランデスの文章の引用が目にとまった。そして大杉は「征服だ！」と叫んだのである。ブランデスはデンマークの評論家で、樗牛によって引用されたのは、「少なくともヨーロッパの四大国民の名は、いずれも外国の名である」という主旨のものだ。

大杉は、この歴史の事実はこれから述べようとすることと関係があるかもしれないし、無関係かもしれないが、と断ったうえで、この文章を読んだときの興奮を語っている。大杉は、マルクス主義の階級闘争論にたいして、「征服者と被征服者との闘争」という歴史観を展開するのである。

「歴史は複雑だ。けれどもその複雑を一貫する単純はある。たとえば征服の形式はいろいろある。しかし古今を通じて、いっさいの社会には、かならずその両端に、征服者の階級と被征服者の階級とが控えている。（略）

社会は進歩した。したがって征服の方法も発達した。暴力と瞞着《まんちゃく》との方法は、ますます巧妙に組織立てられた。

政治！ 法律！ 宗教！ 教育！ 道徳！ 軍隊！ 警察！ 裁判！ 議会！ 科学！ 哲学！ 文芸！ その他いっさいの社会的諸制度！」

征服の方法がますます巧妙になってきた事実を暴露してから大杉は、文学者の責任を追及する。

「敏感と聡明とを誇るとともに、個人の権威の至上を叫ぶ文芸の徒よ。諸君の敏感と聡明とが、この征服の事実と、およびそれに対する反抗とに触れざるかぎり、諸君の作物《さくぶつ》は遊びである、戯れである。われわれの日常生活にまで圧迫して来る、この事実の重さを忘れしめんとする、あきらめである。組織的瞞着の有力なる一分子である。

われわれをしていたずらに恍惚たらしめる静的美は、もはやわれわれとは没交渉である。エクスタシイと同時にアンツウジアスムを生ぜしむる動的美に憧れたい。われわれの要求する文芸は、かの事実に対する憎悪美と叛逆との創造的文芸である。」

では、征服の事実に対する憎悪と叛逆との創造的文芸は何をテーマにすればいいのか？

大杉は「征服の事実」につづく「生の拡充」という文章で、それは「生」あるいは「生の拡充」だと主張した。

「生ということ、生の拡充ということは、言うまでもなく近代思想の基調である。近代思想のアルファでありオメガである。」（「生の拡充」）

では、生とはなにか？　生の拡充とは何か？

「生には広義と狭義とがある。僕は今そのもっとも狭い個人の生の義をとる。この生の神髄はすなわち自我である。そして自我とは要するに一種の力である。力学上の力の法則に従う一種の力である」

表現はやさしいのに言っている内容はむずかしい――この文章はそういうものの典型かもしれない。つまり、他の言葉に言い換えて解釈するのが困難なのだ。そこにこそ大杉の文章の真骨頂があるわけでもある。

だから、言葉どおりに解釈するしか仕方がない。「生の神髄は自我、自我とは力なり」そう率直に解釈するより仕方がない。

ところで、この自我というテーマは日本近代の文学や思想がもっとも熱心に取り組み、にもかかわらず華々しい成果をあげられなかったもののーつだ。北村透谷《とうこく》の苦悩と自殺、石川啄木のおかれた悲惨な文学的環境、そしていささか通俗的な扱いをうけたが、「人生不可解」の言葉をのこして華《け》厳《ごん》の滝にとびこんだ藤村操《みさお》といったものはこの自我の問題と奮闘してやぶれた例といっていい。

大杉は「自我は力である」と、明確に言い切った。神秘的な解釈を要求するものではなく、具体的に力学的な意味で解釈すべき力である、と。

「力はただちに動作となって現れねばならぬ。何となれば力の存在と動作とは同意義のものである。したがって力の活動は避け得られるものではない。活動そのものが力の全部なのである。活動は力の唯一のアスペクトである。

大杉と伊藤野枝
(聖ルカ病院前で退院の時)

されればわれわれの生の必然の論理は、われわれに活動を命ずる。また拡張を命ずる。」

人間の生は人間に、生の拡充を命じているのだと大杉はいう。

しかし、征服と被征服の歴史のなかでは生の拡充は不可能にされてきた。

「被征服者の生の拡充はほとんど杜絶《とぜつ》せられた。彼等はほとんど自我を失った。彼等はただ征服者の意志と命令とによって動作する奴隷となった、器械となった。自己の生、自己の我の発展をとどめられた被征服者は勢い堕落せざるを得ない、腐敗せざるを得ない。

　征服者とてもまた同じことである。奴隷の腐敗と堕落とは、ひいて主人の上にも及ぼさずにはやまない。また奴隷には奴隷の不徳があれば、主人には主人の不徳がある。奴隷に卑屈があれば、主人には傲慢がある。いわば奴隷は消極的に生を毀《こぼ》ち、主人は積極的に生を損ずる。人として生の拡充を障礙《しょうがい》することは、いずれも同一である。」

　生の拡充が消極と積極との両面で妨げられ、それが頂点に達したときに革命がおこった。何度もなんども革命がおこったが、そのたびに中間階級が新しい主人となって革命がおわってしまう。人類の歴史は、この繰り返しだった。

　なぜ、繰り返しになったのか？

「久しく主人と奴隷との社会にあった人類は、主人のない、奴隷のない社会を想像することができなかった。人の上の人の権威を排除して、われ自らわれを主宰することが生の至上の手段であることに想い到らなかった。

　彼等はただ主人を選んだ。主人の名を変えた。そしてついに根本の征服の事実そのものに斧を触れることをあえてしなかった。これが人類の歴史の最大誤謬である。」

大杉は革命をやろうと決意している。

しかしその革命は、革命の繰り返しの最後の革命でなければならない。つまり、革命の歴史に一度もなかったタイプの革命の、最初にして最後の革命でなければならない。

「数千年数万年間のピルグリメエジは、すでにわれわれにこの繰返しの愚を教えた。われわれはこの繰返しを終わるために、最後の絶大なる繰返しを行わねばならぬ。個人としての生の真の拡充のために、人類としての生の真の拡充のために。」

読者諸君は、大杉の言っていることはデカスギル、と思うだろうか？

もしそうなら、反問しなければならない――「この革命もまた最後の革命にはならないんだ」と思いながら革命を実行する革命家なんていうものを、諸君は信じるのか、と。

先覚者の自覚と宣言

征服者と被征服者との上下関係だけではない、水平とみえる横の関係のなかにもまた重大な問題がある、と大杉はみた。

「お互いに
君と僕と怖れている。
お互いに
君は僕に対して、僕は君に対して、

自分を保護するために、
ここに社会という組織を作った。

君は僕の敵だ。
僕は君の敵だ。
君は僕がやるに違いないと思い、
僕は君がやるに違いないと思う、
あらゆる悪意と暴行とに対して、
民法や刑法の幾千個条を定めた。

これが
君と僕との社会だ。
君と僕との監獄だ。」(「社会か監獄か」)

人間が社会をつくっているという事実は、ふつうは良いこと、プラスの行為としてみられているが、大杉の視点にたてば監獄にほかならない。哲学用語をつかえば、人間は社会の一員となることで相互に疎外し、かつ疎外されている、ということになる。

これは詩の形式をとっているから具体的な主張はないが、大杉はやはり主張しているのである。いや、主張し、かつ嘆いている。監獄としての社会を維持するのは、たしかに緊張を必要とし、そこに「生の拡充」を感じることがないとはいえない。しかし、こんなことに「生の拡充」を感じるのは情けないではないか、と。

監獄としての社会は上下の征服の関係が横に一八〇度の回転をとげたもの、と見るほうがわかりやすいだろう。社会を監獄とみる以上は、それを憎悪することが要求される。

「ここにおいてか、生が生きていくためには、かの征服の事実に対する憎悪が生ぜねばならぬ。憎悪がさらに反逆を生ぜねばならぬ。新生活の要求が起きねばならぬ。人の上に人の権威を戴かない、自我が自我を主宰する、自由生活の要求が起きねばならぬ。はたして少数者の間に、ことに被征服者の中の少数者の間に、この感情と、この思想とこの意志とが起こってきた。」(「生の拡充」)

傍点をうったのは大杉ではなくてわたしである。この部分が大杉の「先覚者宣言」であることに注目してほしいからだ。

先覚者はつねに少数である。

少数が多数になるためには、先覚者の孤独な奮闘が欠かせない。それは当然、あらゆる既成のものごとにたいする反逆の形をとる。

「生の拡充の中に生の至上の美を見る僕は、この反逆とこの破壊との中にのみ、今日生《せい》の至上の美を見る。征服の事実がその頂上に達した今日においては、階調はもはや美ではない。美はただ乱調にある。階調は偽りである。真はただ乱調にある。

今や生の拡充はただ反逆によってのみ達せられる。新生活の創造、新社会の創造はただ反逆によるのみである。」

先覚者としての自意識は、ときとして傲慢な姿勢になることがある。後につづく者を信じられず、差をつけたがることがある。大杉はどうであったか？

「僕は僕自身の生活において、この反逆の中に、無限の美を享楽しつつある。そして僕のいわゆる実行の芸術なる意義もまた、要するにここにある。実行とは生の直接の活動である。そして頭脳の科学的洗礼を受けた近代人の実行は、いわゆる『本気の沙汰ではない』実行ではない。前後の思慮のない実行ではない。またあながちに手ばかりに任した実行ではない。（略）

僕の生のこの拡充は、また同時に僕の生の拡張である。そしてまた同時に、人類の生の拡充である。僕は僕の生の活動の中に、人類の生の活動を見る。」

大杉は先覚者の意識をもち、それを宣言していたが、後進にたいして傲慢な姿勢はもっていなかった。彼は自分が先覚者を意識しているからといって、自分以外のものが後進者だとは考えていない。その証拠が「僕は僕の生の活動の中に、人類の生の活動を見る。」という言葉だ。

これは、「俺は人類の代表者だ」という傲慢ではない。そういう静的で不動の関係こそ大杉がもっとも憎む「征服の事実」なのだ。

生の拡充という目標めざして活動するときに大杉自身のなかに人類の活動もはじまるという、行動のなかでの関係だ。これでは傲慢になりようがない。

労働者による労働者自身の教育

大杉は「近代思想」の二巻四号に「生の創造」という文章を書いている。

大正三（一九一四）年におけるサンジカリズムとアナキズムの存在意義を強調したもので、時事や政治問題をあつかえないはずの「近代思想」の性格からあえて逸脱を図ったかのような印象をうける文章だ。

短い文章である。

結論から先にいうと、マルクス主義の経済決定論にたいして「生の哲学」をぶっつけることで、労働運動における精神や知識の分野を重要視することを主張したのが「生の創造」だ。

「われわれは個人のない社会を想像し得ないと同時に、厳密なる意味において、社会のない個人をも想像し得ない。したがって社会的周囲を背景としない個人論のはなはだ無価値なることを思う。しかるに社会主義はこの社会的周囲を過重するの結果、その社会論から個人的要素を除き去ってしまった。その理想的周囲に到るまでの各個人の態度について、真に個人としての態度について、ついにほとんど語るとこがなかった。」

ちょっと表現がむずかしい。警察関係の目をごまかすために、わざとペダンチックな装いの文章にしたのかもしれない。

経済の問題が解決すれば、それにつれて精神や知識の問題――ひっくるめて「道徳」と大杉はよんでいる――は解決するというのが経済決定論だ。

それではダメなのだと大杉はいう。

「伝習的国家なるものを一掃し去って、労働者自身の組織をもってこれに代わらしめんとする、かくのごとき大変革は、労働者の高き精神的教修《きょうしゅう》と、社会の経済的職能を指導するの才能とを予想しなければならぬ。されば労働者自身にこの準備ができた時、すなわち社会を経営し得ると感じた時、初めて社会革命が来るのである。

されば労働者の精神的教育ということがまず肝心なのである。労働者に自ら意志することを教え、活動によって彼等を訓練し、そして彼等自身の才能を彼等に啓示しなければならぬ。」

大杉の「生の哲学」は「今」という時を大事にする。いや、「今」に執着するといったほうが正しいだろう。

「運動に方向はある。しかしいわゆる最後の目的はない。一運動の理想は、そのいわゆる最後の目的の中に自らを見出すものではない。理想は常にその運動と伴い、その運動とともに進んで行く。理想が運動の前方にあるのではない。運動そのものの中にあるのだ。運動そのものの中にその型を刻んで行くのだ。」

この部分は非常にわかりやすい。理想の社会ができるより前に、労働者は理想社会の道徳を自分のなかに鍛えておかなければならない、ということだ。もしそうしておかなければ、たとえ理想社会ができても、労働者はその社会の奴隷になってしまう。

理想社会の奴隷——これは形容矛盾であるが、悲しいことにはまた、真実でもある。ボルシェヴィキが最終的に勝利をおさめたロシアや東ヨーロッパの革命では、まさに労働者は理想社会の奴隷になってしまった。労働者による労働者自身の教育の必要を叫んだアナキズムが、まさにそれを理由としてボルシェヴィキに圧迫され、死んでしまったからだ。

自由と創造——これがすべてに優先して尊重されなければならないと大杉は叫ぶ。

「自我は自由に思索し自由に行動する、ニーチェの言えるがごとく、彼岸に向かう渇望の矢である。われわれはまず、この自我を、いっさいの将来を含むこの神秘なる芽を、捕捉し発育せしめねばならぬ。

自由と創造とは、われわれの外に、また将来にあるのではない。われわれの中に、現に、あるのだ。」

この精神を尊重する社会主義はサンジカリズムとアナキズムの運動である。「生の創造」で大杉が強調したのは、このことだった。

ロシアの革命がおこるのは三年先のことだが、この「生の創造」ですでに、ボルシェヴィキに反対して労働者の自由と創造とをまもれと叫ぶ大杉の姿が見られる。

「正気の狂人」

大杉は自分を「正気の狂人」と規定していたことがある。

「生の拡充」という文章に、こういう一節があった。

「僕は僕自身の生活において、この反逆の中に、無限の美を享楽しつつある。そして僕のいわゆる実行の芸術なる意義もまた要するにここにある。実行とは生の直接の行動である。そして頭脳の科学的洗礼を受けた近代人の実行は、いわゆる『本気の沙汰ではない』実行ではない。前後の思慮のない実行ではない。あながち手ばかりに任した実行ではない。」

傍点はわたしが打ったのだが、これについてはつぎのような事情があった。

近代思想社のひらいた夕食会に島村抱月《ほうげつ》と相馬御風《ぎょふう》の、当時の論壇で名高い評論家が出席した。堺利彦もきていて、芸術と実行というテーマで議論に花がさいた。

まず、「本気の沙汰ではない。云々」の背景だが、大杉は、自分にとって芸術とは生活と別のものではない、反逆する運動そのものが同時に芸術である、といったような主旨のことを話し、堺がそれに反対意見を表明した。たぶん「いかにも大杉君らしい元気のいい意見だが、僕には正気の沙汰とはおもえない」というような言葉であったろう。

その次の「あながちに」は、島村抱月が大杉の「実行の芸術」をただの腕力行使としてしか理解しなかったらしいことにたいする批判の一節だ。つまり「生の拡充」は、その夕食会における堺と島村への追い討ちの意味ももっていた。

それから今度は堺が、当時は大杉とともに「近代思想」を編集していた荒畑寒村の『ショウ警句集』の書評を自分の雑誌「へちまの花」に書いた。ショウとはイギリスの評論家バーナード＝ショウのことだ。

この書評で堺は、「寒村君の訳筆はすでに定評がある」ともちあげたあと、こうつづける。

「ついでに一つここに警句を抜いておく、人間は最高の山頂までも攀登《よじのぼ》れるが、しかし、そこに永くは住めない。」

「人間は最高の山頂までも……」は荒畑が『ショウ警句集』に入れていたショウの警句である。堺利彦がこの一句を引用することで『ショウ警句集』の書評とした狙いは、こういう意味であったろう――荒畑君は大杉君といっしょになって、「生の拡充」だとかなんとか威勢のいいことを言っているが、いつまで続くのか、まずは拝見いたしましょう。

これはわたしの想像にすぎないが、すくなくとも大杉は怒り心頭に発したのである。荒畑がこの一句を入れたのは、つぎのような心境からのことにちがいない、とおもっていたからだ。

「最高の山頂まで攀登って行かなければならぬことを常に主張し、かつ往々自らそこに到達し、あるいは到達せんとしてすぐさま転げ落ちてしまう荒畑寒村君が、その自著の中に、自らの生活や主張を嘲笑するような態度の、かくのごとき警句をさしいれた事実上の皮肉。」（「正気の狂人」）

大杉は、荒畑の自嘲の皮肉を堺が逆手にとって皮肉ったと見て、カーッときた。

「僕はいま、あの皮肉好きの堺君が、ふとこの警句を見出して、それをこの皮肉の材料に使おうと思った時の、いかにもうれしそうな顔付を、目前に見ることができる。そしてその瞬間の堺君の心理をはなはだ賤《いや》しむ。

荒畑寒村君のあの主張や生活は、同時にまた、僕自身の主張でありかつ生活である。のみならずさらに僕は、そして寒村君もたぶんそうだろうと思うが、すべての人が、そしてその順序としてまずある少数者が最高の山頂まで攀登らねばならぬのを、勧告かつ強制したいのだ。」

（「正気の狂人」）

大杉は堺利彦のことを社会主義の先輩として尊敬している。堺の前妻の妹と結婚したことがあるし、売文社ではずいぶん世話にもなっている。

しかし、こういう、いかにも余裕たっぷりで皮肉な態度をみると我慢できなくなってくる。余裕たっぷりと見せてはいるが、要するに怖いだけなのだと攻撃したくなる。

自分と荒畑は、たしかに最高の山頂まで登り、いつまでもそこに住んでいたいと思っている。人類すべてがそうすべきなのだが、それにはまず少数の先駆者が実行してみせる必要がある。堺の態度は、それをただ皮肉の対象としてしかみていないのだ。「その瞬間の堺君の心理をはなはだ賎しむ」という言葉にこめられた憤懣《ふんまん》やるかたない大杉の気持ちは、社会主義運動に「冬の時代」がきているのをいいことに立ちあがろうとしない明治社会主義者への訣別であった。

明治社会主義の伝統、いやそれよりは残骸というべきものに訣別して、大杉は「正気の狂人」をめざす。頂上へ登ったという実感を味わったことも何度かある。もちろん、すぐ地上へ転落するのだが――

「この経験は僕の正気の狂人論の一基礎である。僕はこの生の法悦《ほうえつ》を味わんがために、もっとも確実に樹立した自我の充実を得んがために、すなわち生の最高の山頂に攀登らんがために、正気の狂人論を主張したいのだ。そこに永く住めないのは、今の僕にとっての問題ではない。幾度転げ落ちてもいい。要はただ、幾度でもそこに登って行きたいのだ。そこへ登っていく努力だけでもしたいのだ。」

自分だけではなく、他人にもそれを強制したい。強制は決して傲慢ではない。他人は「正気の狂

ペトログラードの政治ゼネスト

人」になることを大杉に強制される義務さえあるのだ。

「自分ばかりではない。他人にもまた、この努力と行為とを勧告したいのだ、強制したいのだ。これのできない奴輩《やから》は、またこれをなそうとも思わぬ奴輩は、僕のいわゆる衆愚だ。歴史の創造に与《あず》からない怠慢者だ。」

大杉栄という人物の個性がはっきりしめされている文章、そういっていいだろう。いつも最高をめざす、何度失敗しても、また登りはじめる。それをしようとしない奴は、ツバを吐きかけたくなるほど嫌いなのだ。

「正気の狂人論」はもちろん労働運動とも無関係ではない。

「ここに一ストライキが起こるとする。僕はこのストライキをもって、ベルグソンのいわゆる『われわれがある重大な決心をなすべく選んだわれわれの生涯の一瞬間、その類において唯一なる瞬間』としたいのだ。平凡なストライキではない。安閑としてただ腕組ばかりしているストライキではない。本当に労働者が重大な決心を要するストライキだ。

すなわち、巨額の維持金をかかえて、永い間平穏無事にその腕組を続けて、これによって一般社会の同情を得て、そして最後に政府者側の干渉をして労働者の利益に終わらしめんとするようなストライキではない。維持金も何もなしに、短い時間の間に労働者のエナージーをエキステンシフでなくインテンシフに集中した、本当に労働者が重大な決心を要する、正気の狂人的ストライキだ。労働者のエナージーと自信と個人的勇気と発意心とを、その最高潮に到らしめるストライキだ。

もしすべての労働者が、かくのごとき極力的戦闘をすることを拒み、またかくのごとき生の最高の山頂に攀登ることを拒むならば、労働者は永遠の奴隷である。」

労働運動の世界には職業的指導者という存在がある。組合の専従職員とかオルグ（オルガナイザー）といわれる人間だ。こういう人にいわせれば、大杉の理論はまさに「正気の沙汰」ではない。労働運動に人間の問題を持ち込むのは邪道だという批判をあびるにきまっている。

そういう批判に対して大杉は、こう答えるはずだ——人間の問題をいわないなら労働運動などする必要がない！

もう待てない

雑誌「近代思想」を廃刊して、実際運動にかかわる新聞か雑誌をだしてみたいとおもうようになった大杉は、何人かの友人に計画をうちあけた。

好意ゆえの反対意見がおおかった。

「もうしばらく忍んで、今のままの『近代思想』に拠《よ》って、例の哲学とか科学とか文学とかいう安全な保護色の下に、君等の主義の漠然とした伝道に従ったらどうだろう。それに、君等は知識的手淫なぞといって妙にけなしているが、その手淫のとばちりで立派に妊《はら》んだものも、ずいぶんあちこちにいるんだ。」（「賭博本能論」）

名前は書いていないが、これなども友情と理解にあふれた反対意見だ。「君等は知識的手淫なぞといって妙にけなしているが、その手淫のとばちりで立派に妊んだものも、ずいぶんあちこちにいる」などといわれれば、大杉だって悪い気はしない。

しかし大杉は、その安全地帯にいることが自分の生を萎縮させてしまう、と考えた。居心地のいい今こそ、思いきって飛びだすべきだ。そうしないとチャンスを逃す。

飛びだすのに必要なエネルギーが自分のなかにあるかどうか、それを確認し、刺激するために書いたのが「賭博本能論」である。

まず、いくつかの例をあげて、人間には賭博の本能があることを確認する。賭博狂いの二人の船頭が難破し、鯨の背中にのって無人島にたどりつくや否や、ポケットからサイコロをだして賭博をはじめた、云々。

賭博本能は冒険本能や闘争本能に置きかえられる。

「人間には、何ものにでも、動物にでも、勝ちたい、自己の優越を証拠立てたいという、自尊の本能がある。そしてこの本能は、勝利の希望のなくなった後にでも、なおわれわれをして、頑固に、決死の戦を続けしめることがある。」

かならずしも勝利を得るための闘争とはかぎらない。その証拠に、たとえ勝利の展望のないときでさえ人間は戦いつづけることがあるではないか。つまり、それが本能たる所以なのだ。

闘争の対象が変わっても、闘争の形式が変わるだけで本能の発揮そのものには変化がない。

「闘争が、物的領域から知的領域へ移っても、その熱と幻惑とはいささかも失われない。なおこの闘争は、さらに進んで、まったく道徳的の領域にまで移って行く。すなわち情欲に対する意志の内的闘争がある。そしてその勝利は無限の歓喜を生ぜしめる。

要するに、人間には、自らの偉大を感じなければならぬ、したがって自らの意志の崇高を自覚しなければならぬという本来の欲望があるのだ。この自覚は闘争によって、自己の欲望に対する物的または知的障害物に対する闘争によって、はじめて獲得される。」

社会にたいする個人の関係でも、おなじことがいえる。

社会は、個人がほんのちょっとした冒険をしようとすればたちまち寄ってたかって妨害するシステムを完成させている。賭博本能や冒険本能とは反対の性質の、もう一つの本能、すなわち自己防衛の本能はただちに発揮されて、人間に妥協と屈辱の姿勢をとらせる。

「けれどもわれわれはまた、こういった無為の生活に堪えられるものではない。いささかなりとも自己超越本能を満足させずに生きていられるものではない。そこでわれわれの対社会的態度は、常に隙を窺《うかが》っては冒険的方面に出ようとする。一歩でもいい、ただ生きて行くという生活から超越したい。一刻一刻に現在の自己を超越していきたい。

この種の冒険は、十分道徳的に構成せられた個人の、健全なる正則《せいそく》の行為である。そこにわれわれの生の、真の成長、真の創造がある。

そして、もしまったくその隙がないと見た時、この自己超越の本能は、ついに自己保存の本能に打克って、時として自己犠牲の行為にまで進む。この場合の自己犠牲は、もはや、自己の生の単純なる否定ではない。かえって自己の生の崇高なる肯定であるとともに、またその実り多き拡大の予想である。」

自己超越の本能は自己保存の本能にさえ打ち克つことがある——神秘論に陥りかねない危険さえ孕《はら》んで、じつに激しい「生の哲学」が展開されている。

これはもう単に「近代思想」の廃刊のための準備の言葉ではない。大正一二年九月一六日の虐殺を、自分のほうに引きよせる絶叫でもあった。

分裂を迫られている日本

最初はクロポトキンに傾倒した

ロシア革命の意味は大きい。大きいというぐらいでは追いつかないほど、大きい。

最初に実現した社会主義革命ということはもちろんだが、それよりも、全世界の注視なかに出現したまったく新しい型の権力だということが問題だ。つまりロシア革命はロシアの出来事である以上に、世界史上の事件だった。

社会主義者大杉栄はもちろんロシア革命の動向に注目し、成功に歓喜した。しかしその後の展開には憤りを感じて、ますますアナキストとしての立場の重要性を思うようになっていく。

ところでロシアやヨーロッパ、そしてアメリカなどにはアナキズムの歴史の滔々たる流れがある。ロシア革命を実現させたのは、ロシアにおけるアナキズムの蓄積だったといってもいいくらいだ。

日本では、すくなくとも大杉以前には、アナキズムの歴史というほどのものはない。社会主義が権力に近づいたこともなく、したがって、社会主義の権力化にたいしてアナキズムが戦った経験もない。

そういう状況のなかで大杉は、「ロシアの革命は誰でも助ける。が、そんなボルシェヴィキ政府を誰が助けるもんか」と言い切ったのだ。

これを「卓見」という言葉で表現するのはまちがっているだろう。

人間の自由を何よりも重いものとし、表現や行動ばかりではなく動機にさえ、いや動機にこそ自由がなければならないと叫んだ大杉のアナキストとしての思索と行動が当然いわせた言葉、それが「ロシアの革命は誰でも助ける。が、そんなボルシェヴィキ政府を誰が助けるもんか」なのだ。

大杉は、ロシア革命がボルシェヴィキ政府によってねじ曲げられたことに絶対反対を叫び、そのことを通じて日本の社会主義運動のボルシェヴィキ化を防ごうとした。

二つのことを同時にやらなくてはならない——後進国に生きるアナキストの宿命だ。アナキストはボルシェヴィキに反対するんだと主張し、そしてアナキズムとはどういう思想なのか、アナキストとはどういう人間なのかを説明し、行動してみせなくてはならない——先駆者であるがための宿命だ。

大杉は、その宿命に挑戦した。

ここでは、ロシア革命にたいする大杉の意見と行動を見ていくことにする。

ロシア革命に大きな影響をあたえた人物のひとりに、ピョートル＝クロポトキン（一八四二～一九二一）という人がいた。貴族の出身で、『パンの略取』や『相互扶助論』などの著作がひろく読まれ、ロシアアナキズムの基礎をつくったと評される存在である。

大杉はクロポトキンに傾倒した。まるで自分が「クロポトキン大明神」になったようなものだったと、あとで自嘲気味に回想したほどである。「クロポトキンかぶれ」だった、ともいう。

しかし大杉は、赤旗事件で千葉監獄にほうりこまれていたときにクロポトキン一辺倒の間違いを悟った。

「僕はこのクロポトキンかぶれのために、どれだけ僕の知識的発達に、とともに僕の全人格的発達にも、利益を享《う》けたか知れないが、それと同時にまたどれほど損害を蒙ったか知れない。そしてその損害に気がついたのは、ようやく年二七の時の、千葉監獄の独房の中でであった。」

(「クロポトキン総序」)

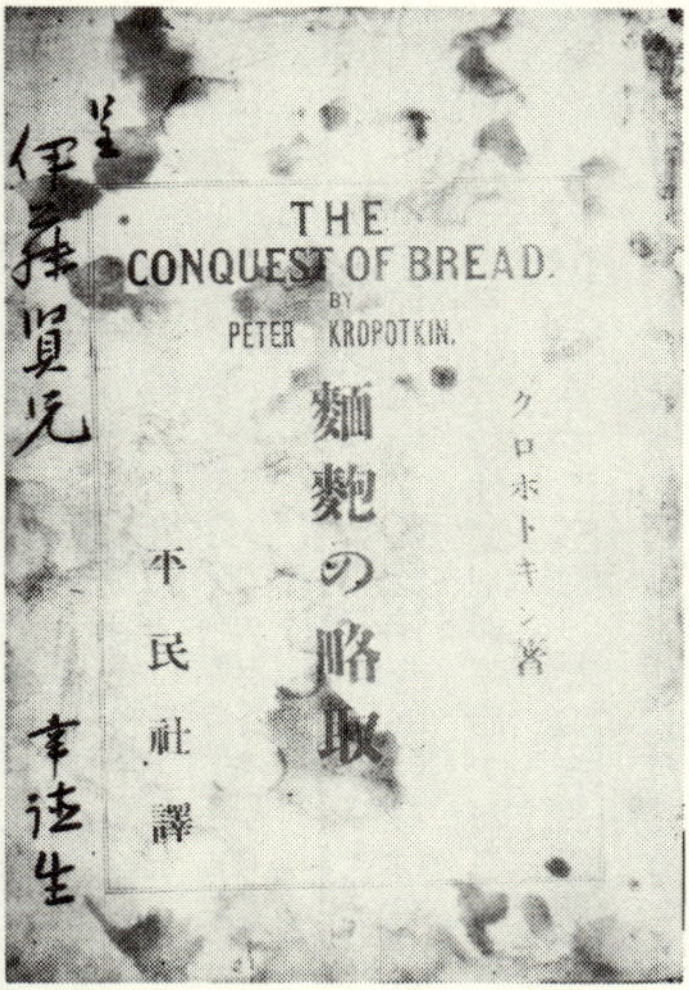

「パンの略取」クロポトキン著

それからはクロポトキンの著作にはいっさい目もくれず、無政府主義の書物からも遠ざかることにした。

もし大杉がクロポトキンから離れる決意をしなかったら、アナキズムの信奉者になっていたはずだ。いろいろな形の思想があるが、アナキズムほど信奉されることを嫌うものはない。信奉された瞬間から、アナキズムはアナキズムでなくなってしまうのである。

それから七年ほどすると、日本はクロポトキンのブームになった。アナキズムのブームといってもいいのだが、クロポトキン中心のアナキズムというほうが正しいだろう。

アナキズムブーム、クロポトキンブームの理由はいろいろ考えられるが、なんといってもロシア革命にたいする恐怖をあげなければならない。

ロシアに社会主義革命がおこるらしいという観測は、どの国においても一般大衆や知識人の恐怖心をひきおこした。社会主義に興味や関心をよせ、ロシア革命に期待する人がいないではないが、それも微々たる少数派にすぎない。

そこへ、クロポトキンの思想がつたえられてきた。革命思想家の一人ではあるが、いまロシアに革命をおこそうとしている主流勢力ではなく、主流に反対しているらしい、といった解釈がひろまってきた。クロポトキンの思想はアナキズムであり、アナキズムはロシア革命に反対を唱えているのだ、というような一種の幻想がふくれてきた。それがクロポトキンブームの実体であったろう。

クロポトキンブームは、七年前に「クロポトキン大明神」だった大杉の身にもおよび、大杉の原稿は引っ張り凧になる。大杉は改めてクロポトキンの思想を考えることになり、その結果として『パンの略取』や『相互扶助論』などよりは『一革命家の思い出』のほうがずっと重要だという結論に達した。

なぜなら、このクロポトキンの自伝には革命より先に人間の問題が出ているからだ。

貴族の家にうまれたクロポトキンが人間として人間を観察した結果、どうしても社会を改革しなくてはならない、その方法はアナキズムのほかにないという確信をいだき、その方向にむかって生きてきたという事実、それが重要なのだ。

クロポトキンは一九歳から二五歳まで、コザック士官としてシベリアで勤務する。この時期、ロシア帝国政府には革新の風潮がみなぎっていた。その風潮はシベリア地方官の人事にまでおよび、総督のコルサコフは部下に自由思想家をもつことを誇りにするほどの人だった。コルサコフ総督の下で参謀長をつとめるのがクウケル将軍で、クウケル将軍の副官をつとめたのがクロポトキンだった。

クロポトキンはシベリアの改革に情熱をうちこんだが、やがて反動の嵐がふいてきて絶望につきおとされた。しかし、無駄になったわけではない。

「私がシベリアで暮らした数年間は、他では容易に学び得ない多くの教訓を私に教えた。まず私は、行政機関の方法によっては本当に民衆のために有益な何事をも絶対にできないことを悟った。私は永久にこの妄想と別れた。次に私は、人間とその性質との外に、なお人類社会の生命の内的源泉をも分かりはじめた。書物の中には滅多《めった》に出て来ない無名の民衆の建設的作用、およびこの建設的作用が社会の種々なる様式の生長発達にいかに重要な役目を勤めているかということが、私の目の前にはっきりと現れて来た。（略）

農奴使用者の家に育った私は、当時のあらゆる青年と同じく、指揮や命令や叱責や懲罰などの必要ということを信じきって実際生活にはいった。しかし年若くして種々なる大事業を取扱い、また多くの人間と交渉するに及んで、些細な誤りがたちまち重大な結果を惹《ひ》き起こすものであることを知って私は、命令や紀律《きりつ》の原則の上に行動するのと、お互いの理解を前提として原則として行動するのとの差異が分かり出して来た。前者は軍隊の閲兵《えっぺい》などには立派に役立つ。しかし実生活のことにかけては、そしてその目的が多くの輻合《ふくごう》的意志の厳格な努力を通じてのみ達せられるところでは、何の値打ちもない。」（大杉訳『一革命家の思い出』）

権力による社会の改良ということに絶望したクロポトキンは、シベリアや満州地方を探検し、地理学の研究に精力を投入する。そして――くわしいことは『一革命家の思い出』を読んでもらうのがいいのだが――中央政府の威令の行き届かない辺境シベリアや満州でこそ、民衆が自由な発意と協力によって立派な暮らしを設計し、かつ実行している事実を知った。それが『相互扶助論』の前提として成長していくのである。

自由発意と自由合意

大杉は社会主義の運動にも、いや社会主義だからこそ感情が重要視されなければならないという意見をもっていた。そのことは、監獄でトンボを捕まえたときの体験として『自叙伝』に語られている。

クロポトキンもまた感情ということを重くみる革命家であった。クロポトキンにたいする大杉の共感には、おそらくこの感情重視が柱になっている。

クロポトキンは一四、五歳のころ近侍《きんじ》学校にはいった。皇帝の近衛兵《このえへい》をそだてる軍の学校だ。上級生の下級生いじめは陰湿で猛烈だ。

学校には美しい庭園があって、上級生だけが中に入って遊ぶことをゆるされていた。下級生は庭園の周囲を走らされたり、上級生のボール遊びの手伝いを命じられた。

クロポトキンは庭園には近よらず、自室で本を読んでいることにした。上級生は彼に、庭園の外でランニングをするように命じたが、従わない。

「嫌です。僕はいま、本を読んでいるんじゃありませんか！」

上級生は帽子で彼を打とうとしたが、クロポトキンはうまく避けた。

「帽子を拾え！」

「自分で拾えばいいんだ！」

迫害はますます崇《こう》じてきたが、クロポトキンは平然として反抗の姿勢をくずさない。それどころか、永いあいだの悪習を廃止する運動の先頭にたった。

『クロポトキン研究』大正10年刊

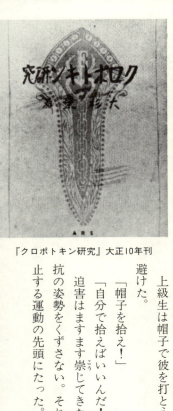

そういうところに大杉は、陸軍幼年学校時代の自分の姿を重ねて見るのである。

「僕はこのただ一事にだけでもクロポトキンの個性の強さを見る。そして彼はこの個性の強さとともに、やはり子供の時から、その母から譲り受けて農奴どもの間に養われた深い友愛を持っていた。」（「クロポトキン総序」）

農奴とクロポトキンとの深い友愛のことは、『一革命家の思い出』のさまざまなエピソードにくわしい。そして、その農奴たちが残酷に圧迫されるのを見兼ねるところに、ボルシェヴィキ政府への激しい抵抗の衝動がうまれるのだ。

「クロポトキンの社会哲学には、クロポトキン自身の深い感情や憧憬が、その基調になっている。そしてその感情や憧憬の共鳴を同時代人の生活や人類の歴史の中に求めた。

社会進化の行程は、いわゆる『科学的』社会主義の主張するがごとき、生産方法云々を土台とする必然的のものではない。その社会およびその中の各個人が持っているいろんな意志、いろんな憧憬、いろんな傾向の、自由な闘争を土台とする蓋然《がいぜん》的なものだ。（略）

しからば、クロポトキンがその社会哲学の基調としたクロポトキン自身の深い感情、深い憧憬というのは何か。それは自由発意と自由合意とである。自他の個性の尊重である。そして、その各個性の自由なる合意、自由なる団結である。自由と平等と友愛である。」（「クロポトキン総序」）

社会進化は必然的なものではない、蓋然的なものであるという主張に大杉の、何よりも人間の自由が大事だという姿勢がみられる。つまり、目標やモデルが先にあって、人間がそれに近づくという性質のものではないということだ。

この点こそ、ボルシェヴィキに対決するアナキズムの最強の武器なのだ。そしてまた、ボルシェヴィキにたいするアナキズムの弱さもここにある。

クロポトキンは一九二一年に死んだ。ロシア革命勃発後三年目のことだ。

クロポトキンの葬式はソヴィエト政府によって国葬としておこなわれたというニュースがながれたが、事実はそうではなかった。

クロポトキンが死ぬと、友人や同志が相談してアナキストの団体で自主的に葬式をすることにきめ、モスクワにアナキズム葬儀委員会をつくった。委員会はレーニンにたいし、クロポトキンの葬儀に列席するために獄中のアナキストを一時的に釈放することを要求したが、要求は容れられなかった。

葬儀の朝、委員会はこの交渉の顚末《てんまつ》を会衆に説明し、ボルシェヴィキ政府関係から送ってきた花輪を式場や墓から撤去した。これを聞いたモスクワのソヴィエトはアナキストの釈放を表明したが、完全には実行されなかった。

葬儀のあと委員会はクロポトキン全集の発行をはじめたが、モスクワ－ソヴィエトもまた政府の出版局にクロポトキンの著作のうち重要なものを出版するようにもとめた。しかしロシアのすべてのアナキストは、いかなる政府でも、ソヴィエト政府をもふくめて、そのような出版には反対することを表明した——以上はシャピロとベルクマンが署名して「全世界の無政府主義者的サンジカリズムの新聞雑誌」におくった手紙で明らかになったことである。

クロポトキンとバクーニン　クロポトキンは「無政府主義の頭」とよばれた。イタリアのエンリコ＝マラテスタは「無政府主義の腕」とよばれ、クロポトキンより一世代前のロシアのアナキスト、ミハイル＝バクーニンは「無政府主義の父」とよばれた。

大杉は、アナキズムの精神はバクーニンが築きあげたもので、クロポトキンがそれに近代科学という衣を着せたのだといっている。

「無政府主義を知りはじめた青年のだれでもが、かならずまず罹《かか》るバクーニン熱に、僕もやはり二〇年ちかい昔に罹った。今はボルシェヴィズムで時めいている山川均君なども、当時はやはりみずから『麦人《ばくにん》』とまで名のっていた。が、利口な人間は、そんな熱からすぐさめる。僕だって決して馬鹿ではなかった。本当に学者の中の学者らしい生活と態度との、クロポトキンの魅力は、すぐに僕を捉《とら》えて、長い間しっかりと僕を抱きかかえていた。しかるに最近数年間僕は、まただいぶ若返りして、昔のバクーニン熱にもう一度とっつかれているようだ。

バクーニンは乱世の人間だ。封建の制度が破れて、資本主義の新制度がまだ確立しなかった、乱世の人間だ。そしてクロポトキンは、その資本主義万歳の泰平の時代の人間だ。」(『二人の革命家』自序)

資本主義の時代が人間の理想社会なら問題はないが、そうではないとわかった。それなら革命をおこさなければならない、乱世にしなくてはならない――そういうことが大杉のバクーニン熱をよびさましたのだ。

では、クロポトキン自身はバクーニンをどのように見ていたのだろうか。クロポトキンがアナキズムに接近すると、当然バクーニンの名前を意識するようになった。そして、会いたいと思うようになる。

バクーニンはもっぱらスイスにいたが、クロポトキンがはじめてスイスに旅行したときにはロカルノに行っていて、会えなかった。結局「無政府主義の頭」と「無政府主義の父」とが会うことはなかった。クロポトキンが会ったのは、ヨーロッパ各地で活躍するバクーニンの生前の同志たちである。

「ミハイルという名は彼等の話の間にしばしば繰り返された。しかしそれは、その言説が法律のようになっている亡くなった首領の名としてではなく、ただみんなが仲間として愛した個人的友人の名としてであった。私がもっとも驚いたのは、このバクーニンの勢力が、知力上の権威としてよりも道徳上の人格として感ぜられていたことであった。私はかつて、『バクーニンがこう言った』とか『バクーニンはこう思っていた』ということが、その話の結末をつけるために言われたのを聞いたことがなかった。」（『一革命家の思い出』）

「無政府主義の父」という文章のなかで大杉は、バクーニンにたいするクロポトキンの印象――といってももちろん直接の印象ではない――を紹介するために、クロポトキンの自伝のこの一節を引用している。アナキズムという思想の、一つの重要な性格が示されているエピソードだ。

バクーニンという人物の重要性はよく知っているつもりのクロポトキンだから、その生前の同志たちは今でもバクーニンの人格としての権威に平伏していて、議論がやかましくなると誰かがタイミングをはかって、「バクーニンは、そんなことはいわなかったぞ」といい、それで議論に決着がつく――そんなふうに予想していた。その予想が完全に裏切られたのである。もちろん、裏切られて嬉しいクロポトキンなのだ。

そしてまた、このエピソードを引用した大杉の頭のなかには、「どうだッ、見てくれ。アナキストはこのように、絶対に自らを権威の椅子に座らせないんだ！」と叫びたい気持ちがあったにちがいない。

大杉は、クロポトキンの性格には真面目で平和な思想家のイメージを、バクーニンの性格にはや・・・・んちゃなイメージをもっていて、あえてどちらかと問われればバクーニンを選んだはずだ。

「天性の平和と自由との無政府主義者を見ているだけでは、彼等にたいする尊敬の念は起こるが、親愛の心は沸いてこない。どうも馴れ近づき難い。それよりも、同じく天性の無政府主義者でありながら、無政府主義社会でもやはり謀叛人であるだろうほどの本当に生まれつきの謀叛好きで、そしてあんまりきちょうめんでない、だらしのない生活を送っている人の方が、僕にはよほどなつかしい。そして僕は、僕等の父バクーニンの生活を思うたびに、おのずからの微笑みを禁ずることができない。」(「無政府主義の父」)

バクーニンの友人たちは皆、彼がカネのことにまったく無頓着だったことを懐かしさをこめて証言している。

デバゴリという人がバクーニンとわかれてロシアにかえるとき、カネはあるかと聞かれた。ある、といっても信じてくれない。デバゴリの財布をみて、ロシアにかえるには三〇フラン足りないのを知ったバクーニンは、三〇フランをわたしてくれた。

「ロシアに着いたら、すぐ返しますよ。」

「いったい、誰に返そうというんだね。そのカネは俺のものじゃないんだし……」

「では、誰に返せばいいのでしょう?」

バクーニンは言った――「この私有財産主義者めが!」

それにしても、バクーニンのことを「無政府主義社会でもやはり謀叛人であるだろうほどの本当に生まれつきの謀叛好き」と評した大杉の文章は、凄い、の一語に尽きる。

いや、これは何もバクーニン個人のことに限らない。バクーニンや大杉自身をふくめて、アナキズムを真剣に考える人のすべての人格目標なのだ。

アナキズムの社会ができた、ああ、よかったなと安心してしまう人は、その社会を維持しようとして権力をつくってしまうだろう。それでは、なんにもならない。

アナキズムの社会でさえ謀叛の姿勢をくずさない人、それが本当のアナキストである。

マフノビチナ（マフノ運動）

「無政府主義の父」バクーニンは一八七六（明治九）年に死んでいるし、「無政府主義の頭」のクロポトキンはロシア革命勃発の三年後に死んだ。この二人は大杉にとっては過去の人、あるいは歴史上の人物である。

バクーニンやクロポトキンの後をつぐ、いわば現役のアナキズム革命家として登場するのがネストル＝マフノである。マフノは「無政府主義将軍」とよばれ、ボルシェヴィキの圧政にたいし、農民を味方に戦いを展開していた。

大杉は、手にはいるかぎりの情報を駆使してこのマフノの言動の紹介につとめた。マフノの言動を紹介することが、ボルシェヴィキの実態を暴露するのに有効な方法だと考えたからだ。

「ヨーロッパに行ったらまず第一に調べてみたいと思っていたプログラムの中に、無政府主義将軍というちょっと皮肉なあだ名をとったネストル＝マフノの、いわゆるマフノビチナ（マフノ運動）の問題があった。ロシア革命が産んだいろいろの出来事の中で、僕が一番心を動かされたのは、このマフノビチナであった。そしてこの運動の研究こそ、ロシア革命が僕等に与えることのできる、一番大きな教訓をもたらすものじゃあるまいかと思った。

僕のごく短かったフランス滞在中の仕事は、ほとんどこの問題の材料を集めることに集中された。」（「無政府主義将軍」）

マフノの片腕といわれ、大杉のヨーロッパ滞在中はベルリンに亡命していたヴォーリンと会うことができなかった無念さを、大杉はこう書いている。

「ヴォーリン自身、およびベルリンの無政府主義団は、すでにしばしばマフノビチナについて報道をしている。しかしその運動の全体や詳細については、大きな一巻の書物になるだろうといって、今まだ約束だけである。」

ヴォーリンに会えなかった無念は彼の書物を読むことで晴れるはずだったが、それも叶《かな》わなかった。クロンシュタットの反乱とマフノビチナに関するヴォーリンの著作が発刊されたのは、これからずっと後の昭和二二（一九四七）年なのだ。大杉はフランスから帰ってすぐに伊藤野枝が産んだ男の子にネストルという名前をつけたくらい、マフノビチナの研究に打ち込んでいた。

ネストル＝マフノは明治二二（一八八九）年、エカテリノスラフ県アレクサンドロフスクの貧しい

ネストル＝マフノ

農民の子にうまれた。大杉より四歳若い、同時代人の革命家なのである。村の小学校でたった一年まなんだほかは、牛や羊の番人、小作農民として働きづめにはたらいた。

一七歳のときに無政府主義の運動にくわわって逮捕され死刑判決をうけたが、年齢が若いのを理由に終身懲役となった。

一九一七年三月の革命ですべての政治犯が釈放されるまでの一一年間を獄中ですごし、独学で多くのことをまなんだ。大杉が「僕は監獄でできあがった人間であることを強く意識している」といっていたのとおなじように、マフノもまた監獄がつくった革命家だ。

翌年、ドイツ軍とハンガリー軍とがウクライナを占領したときマフノは六人の同志とともに戦いを挑み、これが次第にふくれあがって五千人ほどのパルチザン軍になる。

ロシア革命の芽を摘もうとするスコロパスキーやデニキンの反革命軍と戦いながらマフノは、労働者との結合による地方自治の樹立を農民に勧めていった。地方ソヴィエト政府の構想である。この運動がマフノビチナとよばれ、ウクライナから他の地方に広がっていった。

マフノビチナがはじまった村では、まず自由選挙によるソヴィエトが組織される。地主の土地は接収され、農民個人あるいは共同によって耕作される。

マフノビチナの村々の敵は付近に駐在するコザック兵だ。コザックが村の生活を脅かすとソヴィエトは会議をひらき、村々からパルチザン兵を動員してマフノの軍隊に派遣し、防衛任務にあたる。危機がすぎるとパルチザン兵は故郷の村々にもどっていく。

マフノ軍の大部分は農民によって組織されており、糧食も農村から提供された。つまりマフノ軍と農村とは相互に協力する関係をつくっていた。

マフノ軍とボルシェヴィキ政府との関係ははじめから良くはなかった。革命そのものを潰そうとするデニキン将軍と戦うときには両者が提携したことはあるが、ボルシェヴィキ政府は、提携の条件である武器の提供をつねに最少量しか実行しなかった。

「マフノはモスクワとの共同戦線に従いながら。社会革命についてのその思想は少しも変えなかった。（略）

マフノビチナ農村は依然としてあゆみ始めた道を続けて行った。その民衆は労農階級の社会的独立の原則の上に立って、モスクワ政府が派遣したその代表者の権威を少しも認めなかった。彼等は彼等自身が組織した機関のほかの何者にも責任をもたなかった。（略）

モスクワ政府は民衆のこの自主自治を許すことができなかった。『労働者の解放は労働者自身の仕事でなければならない』というマルクスの言葉は、また『ソヴィエトにいっさいの権力を』というレーニンの言葉は、もともと国家主義のマルクシズムの真赤な嘘なのだ。マルクシズムは民衆が自分で自分の運命を創っていくことを決して許すものではない。」(「無政府主義将軍」)

外国の軍隊や反革命軍と戦うときにはマフノ軍と提携する、革命妨害の危機が去ったときにはマフノ軍を反革命勢力としてあつかう――これがモスクワのボルシェヴィキ政府の姿勢であった。となれば、ボルシェヴィキ政府の権力がほぼ安定を確保したときのマフノや、そのほかのアナキストがどうなるかは火をみるよりも明らかだった。

大正一〇(一九二一)年、マフノはボルシェヴィキ軍に追われてルーマニア国境に逃げたが、そこでルーマニア政府によって武装解除され、あやうくモスクワに引き渡されそうになった。翌年ルーマニアからポーランドに逃げたが、そこでポーランド政府に逮捕された。

「マフノは今までポーランドの監獄にいる。ソヴィエト政府は、マフノを強盗殺人の刑事犯人として、幾たびかポーランド政府にその引き渡しを迫った。が、その容れらそうもないのを見ると、さらに手をかえて、マフノの同志と称する一間諜《かんちょう》を送って、マフノがポーランドに革命を起こす陰謀を企てていたという嘘の密告をさせた。そして近くマフノは、このいわゆる陰謀罪の被告として裁判されようといている。」

大杉は、ネストル＝マフノやそのほかのロシアのアナキストがボルシェヴィキ政府によって残酷な処分をうけていることに、抗議の声を発している。しかし、それはただアナキストの功績を賞賛してほしいということでもなく、またボルシェヴィキ政府の悪虐無道について泣言をならべたてる

ボルシェヴィキ政府　左からトロツキー、１人おいてスターリン、レーニン

ものでもない。

「僕はただ、ボルシェヴィズムと無政府主義とがその本質においてどう違うかを事実の上で見たいのだ。（略）

さすがにボルシェヴィキは炯眼《けいがん》であった。彼等は最初から、ボルシェヴィズムと無政府主義者とが、本質的に相反するものであることを知っていた。社会主義的権力と民衆的革命とがとうてい一致することも調和することもできないものであることを知っていた。そして彼等は、しばらくもそれを忘れることをしないで、実はその敵である無政府主義者や民衆を、ただ革命の初期における旧勢力の破壊にもっとも有力なものとして利用することに努めた。

勿論無政府主義者といえども、十分それは知っていた。先見もしていた。それを先見することが無政府主義そのものであるわけだ。けれども彼等は、革命に熱心なあまりに、その利用をむしろ甘んじて受けた。そしてこの甘んじてという中には、一〇月革命当時のボルシェヴィキのまったく民衆的な革命的喊声《かんせい》に多少眩惑《げんわく》された形があった。」(「無政府主義将軍」)

簡単にいえば、アナキストは現実に甘い、ということだ。それがアナキズムやアナキストの長所でもあるのだが、食うか食われるかの革命のときには、時として致命傷になることが多い。

大杉は、ロシアのアナキズム運動について、この欠点を指摘しないわけにはいかない。自分たち、日本のアナキズムのために厳しく警戒すべきことであるからだ。

「そして多くの無政府主義者は、この眩惑から目覚めた時、彼等のいつもの悪い癖の夢想と抽象的理論とに走っていった。」

ロシアのアナキズムと連帯して戦ったことのある団体に、ナバトという団体があった。

このナバト団の姿勢について大杉は、「無政府主義的傾向の革命から無政府主義社会に到るまでには、多少の年月のかかることを肯定している」と書いている。この年月は過失と誤謬の年月であるが、反面からいえば、不断の完成を図る年月でもある。

そしてナバト団は、この年月を「過渡時代」とよぶのを嫌った。「過渡」とは権力が確立するまでの時間という印象をあたえるからだ。「過渡」とよばずに、「非権力的経験の蓄積時代」とか「社会革命を深めていく時代」とよぶように決議したという。

大杉は、ロシアの社会主義にこういう傾向のあることに希望をつないでいた。不断の完成を図る大衆の運動に協力する、そこにこそアナキストの存在が意味をもつからだ。

ボルシェヴィキとの提携は現実の要請　ロシア革命勃発の時点にもどる。

ロシアの革命がどのように進行しているのか、日本の社会主義者や政治学者、ジャーナリストや政府関係者などはさまざまの立場から情報をあつめていたわけだが、大杉のそれは抜群のものであったのではないかと考えられる。情報の量という点では政府関係者にかなうはずはないが、問題は情報にたいする分析の姿勢なのである。

大正八（一九一九）年の夏の終わりもちかいころ。大杉と和田久太郎、近藤憲二の三人が東京郊外大森の山川均の家をたずねた。このころはまだ、思想信条はともかくとして大杉と山川とは友人としての交際があったのである。

夕食がすんで、寝ころんだまま談話にうつると、話はいつの間にかロシア革命の話になっていった。近藤によれば、そのころ山川は「社会主義研究」という雑誌を出して、「次第に共産主義的色彩を深めつつあった」時期である。「共産主義的色彩」とは、もちろんボルシェヴィキ的色彩の意味である。

誰かが、「クロポトキンの『パンの略取』に書いているような理想社会が、革命の直後に実現すると思うかね？」と口をきり、これをめぐって話に花が咲いた。

近藤の記憶にのこる大杉の意見は、だいたいつぎのようなものだ。

「ソヴィエトの地方自治はいい。しかしそれがやがて中央政府をでっちあげたから革命を殺してしまったんだ。だいたいボルシェヴィキは秩序の回復を急ぎすぎたよ。もっとウンとかきまわしていれば、クロポトキンの理想社会が実現されないまでも、も少しいい社会が生まれていたと思うが、おしいことをしたものだ。」（『一無政府主義者の回想』）

おなじ話を相手の山川も書いているが、それには「外国の干渉に対抗するためにはパルチザンで沢山だ。赤軍《せきぐん》の必要はない」という大杉の言葉がはさまれている（「大杉君と最後に会うたとき」）。

しばらくしてから、また大杉がいった。

「しかし僕らがあのときロシアにいて、ロシアのあいつらだったとしたら、やはり同じようなことしかやらなかったかも知れないがね。」

「そうだったろうね」

この山川の相槌で、大杉は憤然となった。

「だが、プリンシプルはちがうよ！」

「そのプリンシプルという奴が、めったにアテにならぬ奴でね。」

「めったにアテにならぬ奴でね。」

大杉は山川の言葉を鸚鵡《おおむ》がえしに返して、

「イヒヒヒーッ」と笑った。

何気ないエピソードとして伝えられているが、ここにふくまれている意味はじつに深刻なものだ。

山川はボルシェヴィキ政府賛成の立場を明らかにして、日本の社会主義をその方向に指導していく行動に着手した。もちろん大杉はそれを知っている。

自分は、どうするか？

「僕らがあのときロシアにいて、ロシアのあいつらだったとしたら……」の部分を「日本に革命が起こったら」という仮定に置き換えてみると、いま目の前にいる山川を敵として戦うことになるが、自分は本当に山川と戦うのだろうか？

ボルシェヴィキ政府の実態に関する情報については山川以上のものを持っていると確信しているが、それをもって山川を説得しようとしてもプリンシプル（信念）が邪魔をする。山川には、ロシア革命とボルシェヴィキ政府とを区別して見る姿勢がない。「プリンシプルがちがう」からだ。

Iで見たように、これから間もなく大杉はボルシェヴィキ派と提携し、そして訣別するという、いってみれば遠回りをする。「イッヒヒヒー」という笑いのなかには一種の諦めが見えるようだ。どうやらここではボルシェヴィキと手をにぎらねばならんようだ、という諦めが。

なぜボルシェヴィキと提携しなければならないのか？

理由は簡単――大杉が革命家だからだ。ボルシェヴィキとの提携が日本の革命に必要かつ有益だというなら、提携して革命を目指す、そういうことなのだ。

労働者の将来は労働者の力に

大杉とボルシェヴィキ派との提携は長くはつづかなかった。決定的に異なる思想の提携が長くつづくはずはない――そういってしまっては身も蓋もないが、どうしても大杉に耐えられなかったのは、ボルシェヴィキ派が労働者の自発や創意の芽を摘むことにばかり熱心になる、そのことだった。

革命のためなら提携の必要はあるし、意味がないわけではない。だが、労働者を支配下におくことで提携するわけにはいかない。それは共産党にとっては一時的な戦術の問題にすぎないかもしれないが、大杉にとって、アナキズムにとっては原則の問題なのだ。

日本の革命は近い――これが大杉の観測である。近いというなら、それはいつ来るのか？　自問自答のかたちで、大杉はこういっている。

「なんとかいう、当時ペテルスベルグ駐在の日本大使が、ロシア革命のすぐ前に、ロマノフ家の万歳を歌った報告を送ってよこした。うかつといえばうかつであるが、しかしだれがあの前年に、ロシアにあの革命が起きようと予想していたか。（略）

フランス革命の領袖《りょうしゅう》の一人であるデムーランが言っている。『大革命の前年には、フランスにたった一ダースの共和党員があっただけだ』。だれがその時に、あす革命が来ようなどと思ったろう」（「革命はいつ来るか」）確実なソロバンなど、あるわけはない。

ごく近いことかもしれないし、一〇〇年も二〇〇年も先かもしれない。それならば、革命は近いとみて、いつでも準備しておくのが革命家の義務だということになる。

そしてまた労働者も準備しておく必要がある。社会主義革命の主人が労働者であるのはまったく疑問のないことだから。

「日本の運命」という文章で大杉は、「日本の運命はもう目の前に迫っている」と書いた。革命が迫っているという意味だ。この文章の最後で、近づく革命についての労働者の準備とはどういうものでなければならないか、を強調している。

「僕等の態度は『その時』になってきめていい。けれども、今から心がけていなければならないのは、前にも言った、いつでも起る準備がなければならないことだ。

労働者は、いっさいの社会的できごとに対して、労働者自身の判断、労働者自身の常識を養え。そしてその常識を具体化する威力を得んがための、十分なる団体的組織を持て。労働者の将来は、ただ労働者自身の、この力の程度如何にかかわる。」（「日本の運命」）

先入観なしに読めば、きわめて常識的なことを言っているのがわかるはずだ。

大杉栄のような豊富な知識と情報をもっている革命家は、労働者の革命を助けることはできる、リードすることもできる。しかし、それだけだ。それ以上、それ以外のことはやってはいけないし、労働者の側も期待してはいけない。

ところが、ボルシェヴィキ派との提携の体験によって大杉は、日本のボルシェヴィキ派社会主義者が「それ以上、それ以外のこと」を積極的にやる意志も姿勢ももっているのを知った。予想しないわけではなかったが、実際に自分の目で見た衝撃と怒りはおおきい。

そこで大杉は、まず何をやったか？――ボルシェヴィキにたいして罵倒の言葉をなげつけることからはじめた。

「僕は今ここで僕の愚痴を述べたくはない。ただ最初僕は誤ってボルシェヴィキとの協同の可能性を信じて、それを主張しそれを実行して、そして見事に彼等から背負投げを食わされたという僕の愚を明らかにして、後に来る人達の戒めにしておけばいいのだ。

僕は今、日本のボルシェヴィキの連中を、たとえば山川にしろ、堺にしろ、伊井敬《たかし》にしろ、荒畑にしろ、皆ゴマのハイのような奴等だと心得ている。ゴマのハイなどとの協同は真平ら御免蒙る。」（「なぜ進行中の革命を擁護しないのか」）

罵倒も思想なのだろか――そういう疑問をもつ読者もあるだろう。

相手に聞く耳のないときには、思想は罵倒によって表明されなければならない。すくなくとも、「あいつらには何もわからないんだから、言っても無駄だ」と沈黙するよりは有効な思想表明の形式だ。

もうすこし、ボルシェヴィキにたいする大杉の罵倒をみておこう。たとえば、「ボルシェヴィキ四十八手裏表」なんていうのは、タイトルからして喧嘩腰である。

「山カン均、おなじく菊栄《きくえ》、バタバタキャンソン等の発行する、日本共産党機関紙『前衛』は、歴史家ブルツェフが三月革命の際に秘密警察の官文書を捜索して、『有名な無政府党の首領で、帝政時代の政府や要路の大官から金を貰って、外国のある海岸に立派な生活を営み、その妻はブルジョワの流行を追っているもののあることを発見した』とか。」

ボルシェヴィキの一人に上田某というのがいて、大杉はこの上田は「夜這《よば》いの手の名人だ」といっている。女性のベッドへ夜這いして愛をかちとる名人ではなくて、労働者の泊まっているところへ行ってアナキズムの悪口をいい、ボルシェヴィズムを宣伝する名人だ。

この上田は、アナキストの猛者《もさ》がいるとは知らずに泊まりこんだ宿舎で、さんざんにやりこめられ、二階へ逃げていったのはいいが蚊帳を借りられずに、一晩じゅう蚊に食われっぱなしで寝た。

「その帰りに名古屋へ寄って、やはり労働者の寝とまりしているあるところへ這いこんだ。『今夜はここでとめてもらいに来たんです。……どうです、無政府主義の奴等はここへは来ませんか。……はあ、そりゃ好都合です。奴等は到る処へ行ってかきまわしばかりやりますからね……。』」

というような調子でそろそろと口説きだした。

が、そのうちに彼はふと自分の前にさっきから黙って頭をさげている汚い人夫らしい男のいるのに気がついた。と、思うと、その男がふいに顔をあげて『ヤア』といった。それは自由労働者同盟の浜鉄《はまてつ》だった。

先生、びっくり仰天して、そのままなんにも言わずに『さよなら』をしてしまった。」

この「浜鉄」というのは、本名を中浜鉄（または哲）といい、大杉の死後にテロリスト集団の「ギロチン社」を結成、大震災当時の戒厳軍司令官福田雅太郎大将の暗殺をくわだてた人物だ。大阪刑務所で死刑になった。

大杉は、心から楽しんでボルシェヴィキ罵倒をやっているわけではない。自分の周囲には、人間としての成長を遂げようと格闘している大勢の労働者がいる。彼らには、その方向で真っ直ぐに伸びていってもらいたい。そのための協力ならば、大杉はいくらでも、なんでもやるつもりだ。

しかし、彼らがボルシェヴィキの妨害をじょうずに排除できるのかどうかを思うと、心配になる。なにしろボルシェヴィキは、「それ以上、それ以外のこと」を積極的にやる意志も姿勢ももっているのだから。

協同戦線論に断固として反対　大正一〇（一九二一）年ごろから、労働運動や社会主義運動の世界に「協同戦線論」が流行してきた。労働組合や社会主義政党がバラバラになっている現状から、連合戦線を組んで協同して敵（資本家勢力、政府）に当たろうというのが協同戦線論だ。

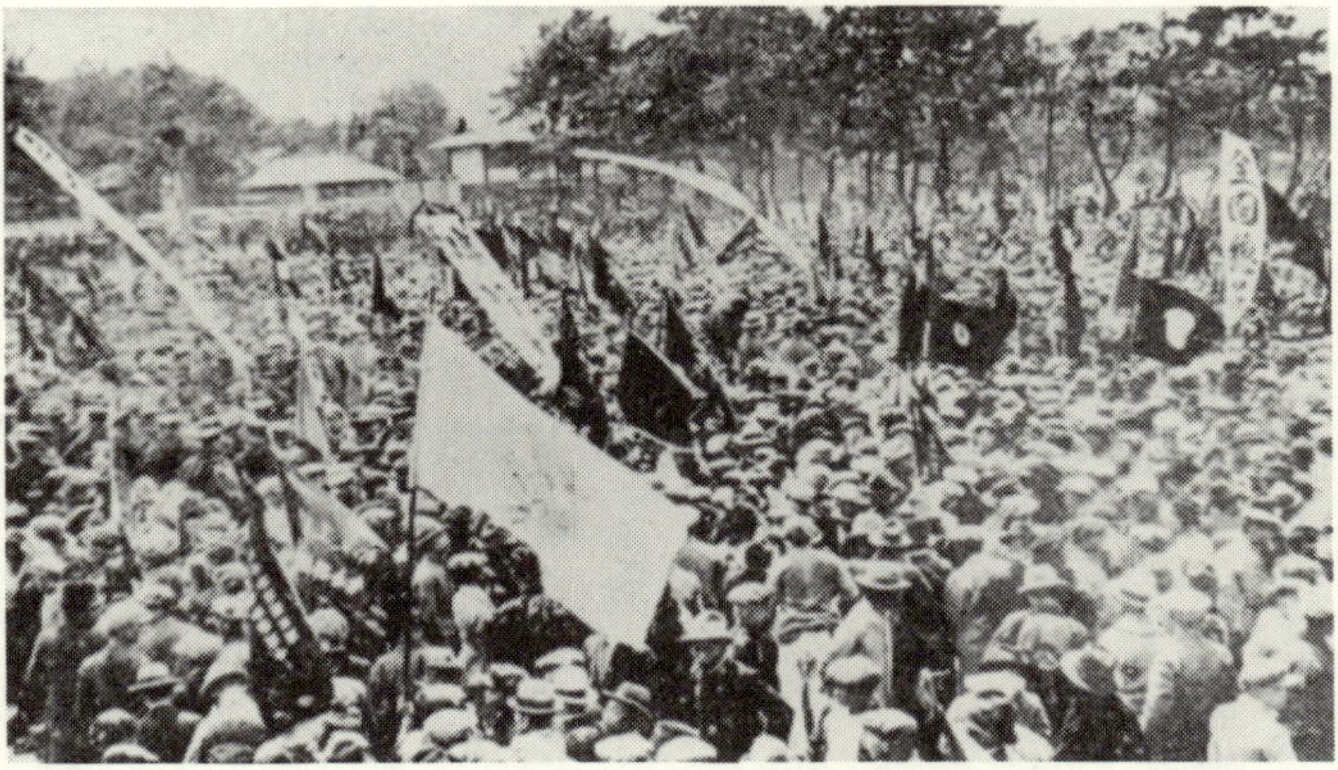

日本で最初のメーデー　大正９年５月２日

この傾向の背景をさぐってみると、大正八年から九年にかけての労働争議のおおくが労働側の敗北におわったことがあげられよう。

第一次世界大戦後の好景気は去り、経済界は不況局面に転換していた。もともと底の浅い日本資本主義経済は、戦後好況の利益を経済基盤の強化に組み込む余裕のないまま、不況に転換してしまったのである。

資本側は、不況の犠牲を労働側に押しつけることで危機を乗り超えようとしたから、労働争議は頻発した。資本側は争議を暴力で切り抜けようとして、いわゆる労働ブローカーたちに介入を依頼することがおおかった。

労働側はどうだったかというと、争議の数はおおいものの、孤立分散的で、持久戦術を維持できなかった。資本側の切り崩しによって組合員は半減に半減をかさね、ついには組合の解散となるケースもおおかった。大正八年の前半には友愛会の会員は五〇〇〇〇人以上もあったのに、翌年の暮れには一二〇〇人を割ってしまった。

労働組合や社会主義勢力は団結しなければならない――この声は、

衰退に衰退をつづける不利な形勢のなかからおこってきていた。

これは何を意味するかというと、はげしい弾圧にも屈せず頑張っている少数の意識のたかい労働者たちのあいだで、「団結」「連合」の声があがったということだ。

大正九年五月二日の日曜日には、東京で日本最初のメーデーがおこなわれ、集会後のデモは禁止されていたにもかかわらず、その禁止をあえて破って、警官隊との衝突を繰り返しながらデモ行進をした。

メーデーの集会やデモに参加したのは、新しいタイプの労働者である。会社側の暴力的な切り崩しにあうとあっさりと敗退してしまうのが古いタイプだとすれば、これは新しいタイプの労働者なのだ。労働者のなかでも分裂が進行していたとみてもいい。

日本でもっと古い、しかし労資協調の傾向がつよかった友愛会は正しくは「大日本労働総同盟友愛会」という名称になっていたが、まず「大」の字を削除し、つぎには「友愛会」を削除して「日本労働総同盟」となった。ほかの組合との団結や連合を容易にするための名称変更であった。もちろん、名称の変更は体質の変更につながっている。

さて、「協同戦線論」が文字どおりのものなら大杉としてもアナキズム派としても、文句はない。だが大杉は、この協同戦線論には警戒しなければならんと考えた。そして、大杉の具体的な仕事としては協同戦線論をぶっ潰すのが最後のものになる。大杉はこの仕事に命をかけた、といってもいいだろう。

「協同戦線がいいか悪いかなぞというのは、ほとんど問題のほかだ。いいにきまっている。それをいまさらしく、しかももともとこのいわゆる協同戦線を一番混乱させていた共産党が言いだすには、なにかの魂胆がなければならない。」(「トロツキーの協同戦線論」)

じつは、この協同戦線論は社会主義第3インターナショナルが決議したばかりの世界戦略で、第3インターを牛耳るのはモスクワのコミンテルンだから、コミンテルン日本支部として発足した日本共産党はありがたがって、さっそく、「日本でも協同戦線をやらなければならない」といいだしたのである。

レーニンの片腕のレオン＝トロツキーがこの協同戦線論を理論づけた。トロツキーはまもなくスターリンと対立して排斥され、ロシア共産党中央にたいして批判的意見をもつ者はすべて「トロツキスト」として粛清される事態になるのだが、この当時のトロツキーの名はまだ輝いていた。

大杉はトロツキーという男が「ちょっと好きだ」という。

「僕はこのトロツキーの正直を通して、ロシア共産党の真意を見ることにしている。ほかの男だとよけいな理屈がさきに立つ。が、彼だと、すぐさま、その思うままを述べる。

共産党の人間にもいろんな人間がいる。説もいろいろとある。が、そのいろんな人間の持っている共通の気分、すなわち共産党気分ともいうべきものがある。トロツキーはこの気分の正直すぎるほどの代弁者なのだ。」

大杉の人間観察はなかなか鋭い。

大嫌いなボルシェヴィキではあるが、そのボルシェヴィキをやっつけるには、正直すぎるほど正直にボルシェヴィキの姿勢を表明するトロツキーを批判すれば的を外すことはない、といっているのである。

さて大杉は、協同戦線論をどのように非難するのか。「トロツキーの協同戦線論」とは別の、「組合帝国主義――総連合問題批判」という文章によって見てみよう。

トロツキーの「協同戦線論」の冒頭には、つぎのような文章がある。

「共産党の任務は無産階級の革命を指導するにある。そして、それを実現させるためには、共産党はまず無産階級の圧倒的多数者の支持を得なければならない。が、かくのごとき多数者をその指揮の下に持つようになるまでは、その多数者を惹きつけることのために闘わねばならない。」

大杉には、これはまるで悪魔の叫びのように聞こえる。これが本当に、最初に社会主義革命を成功させたロシア共産党の言葉なのであろうか？

しかしトロッキーは正直な男だ、これがロシア共産党の真意だと思うほかはない。

大杉はまず、こう批判する。

「日本の自覚した労働者には実に異様に響く『指導』だとか『指揮』とかいう言葉が、ちょうど日本のブルジョワ政治家どもの口から出るのと同じように、共産党の首領によって平気で使われているのだ。」

トロツキーは「労働者の多数を惹きつけるために闘わなくてはならない」という。この「闘い」が大問題なのだ。

相手や敵がなければ闘いにはならない。トロツキーが「闘い」というときの相手は誰なんだろう、何なんだろう?

トロツキーの「闘い」の目標は「多数の労働者を惹きつけること」だから、「敵」とは、それに反対する勢力だ。

では、多数の労働者が惹きつけられることに反対するのは誰か――労働者自身にきまっている、人間自身にきまっている。

相手が共産党であろうと皇帝であろうと、あるいは地主であれ神であれ、「指導」されたり「指揮」されたりするのはイヤである。本当の人間、本当の自分になりたいとして奮闘している労働者のなかには、「指導」されたり「指揮」されたりするのは死んだってイヤだと思う人もいるはずだ。

そのことを大杉は「日本の自覚した労働者には『指導』とか『指揮』という言葉は異様に響く」と批判しているわけだ。

つまりトロツキーの協同戦線理論はこう言いかえられる――労働者の多数を惹きつけるために労働者と闘う。

理論としては矛盾しているが、じっさいには可能だ。それが恐ろしい。

共産党に惹きつけられた多数の労働者は要するに敗北者である。

労働者と闘って、勝ち、捕虜として惹きつける――そのときに共産党の任務は実現するのである。

ボルシェヴィズムの基本がこれである。

アナキズムは、この点に真向から反対したのである。大杉栄の思想と行動の基本もまたここにあった。

芸術は民衆の死活問題

大杉は革命や労働運動のほかに文学や芸術もやった。

「文学や芸術もやった」というのはいかにも乱暴な表現だとわかっているが、文学や芸術にたいする彼の姿勢をみると、「やった」という言い方がいちばん適しているようにおもわれる。

大杉の文学観

日本文学史では、平安文学や江戸文学というのとおなじように大正文学という時代区分がある。大杉の文学活動は大正文学のもっとも重要な要素のひとつであった。

大杉を文学者の一人としてイメージするために、一つの詩作品を紹介しよう。

生は永久の闘いである。
自然との闘い、社会との闘い、他の生との闘い。
永久に解決のない闘いである。
闘え。

闘いは生の花である。
みのり多き生の闘いである。

自然力に屈伏した生のあきらめ、
社会力に屈伏した生のあきらめ、
かくして生の闘いを回避した
みのりなき生の花は咲いた。
宗教がそれだ。
芸術がそれだ。

むだ花の蜜をのみあさる虫けらの徒よ。
（「むだ花」）

おれの舟のへさきが
打砕き打起して行く波の行衛《ゆくえ》は、
おれにも誰にも

末の末までは分からない。

砕かれた波の、起された波の
波の行衛に控えはない。
波は波自らの運命を
辿ってゆく、拓いて行く。

おれはただ、
おれ自らの道を求めて、
おれのいっさいを賭けて、
未知の彼岸に漕いで行く。

（「道徳非一論」）

ふたつだけでは大杉の詩の特徴、詩人としての姿勢を論じるのはむずかしいが、傾向といったものはつかめるだろう。

前の作品では、芸術や宗教は「屈伏した生のあきらめ」だという。この宗教や芸術は既成の宗教や芸術をさしていて、これを否定して「闘う」ことを大杉は文学者としての自分の使命とした。

後の作品は、とりあえずはまず個人として生きていくしかない人間の宿命をずっしりと受けとめる姿勢が鮮明にあらわれている。人生には「彼岸」という目標があるが、その「彼岸」までの距離も方向も「未知」だから、「おれのいっさい」を動員して方向や距離をきめるしか方法がないのである。つまり人生とは、まず自分を発見し、自分をつくっていくことだ。

そこで大杉の文学活動、芸術活動の性格が決定されてくる。民衆や労働者の文学、芸術をつくる活動をやる、ということだ。

労働者は、いろいろな種類の人間のうち、もっとも本当の自分から遠ざけられている人だ。そして、だからこそ逆に、本当の自分を取り戻したいと思う強い衝動に駆られていて、それだけの可能性をもっている人々だ。「むだ花の蜜」を吸っても栄養にならない人間だ。

民衆芸術論

大正文学にたいする大杉の貢献は、詩や小説の作品を書くことよりも、新しい文学や芸術を産み出すことを自分の使命とし、それを社会に訴える評論部門の仕事で発揮された。

さて、『魅せられたる魂』や『ジャン・クリストフ』で有名なフランスの作家ロマン＝ロランは演劇運動に力をいれたことがあり、その体験から民衆演劇の必要を提唱した。日本の明治末期のことである。
ロランの影響をうけて、日本でも民衆芸術をおこさなければならないと提唱したのが本間久雄という人で、大正五（一九一六）年の雑誌「早稲田文学」に「民衆芸術の意義および価値」という論文を発表した。これがきっかけになって、日本文壇の進歩的な部分では民衆芸術論が一種のブームになった。

大杉自身もはやくからロランの『民衆劇論』という著作に注目していて、大正六年にこれを『民衆芸術論』という題で翻訳出版していた。「民衆劇」を「民衆芸術」としたことに大杉の姿勢がよくしめされている。つまり大杉は、民衆に必要なのは単に演劇だけではない、あらゆるジャンルの芸術が、民衆によって民衆のために新しく創造されなければならないという意見を提唱したのである。

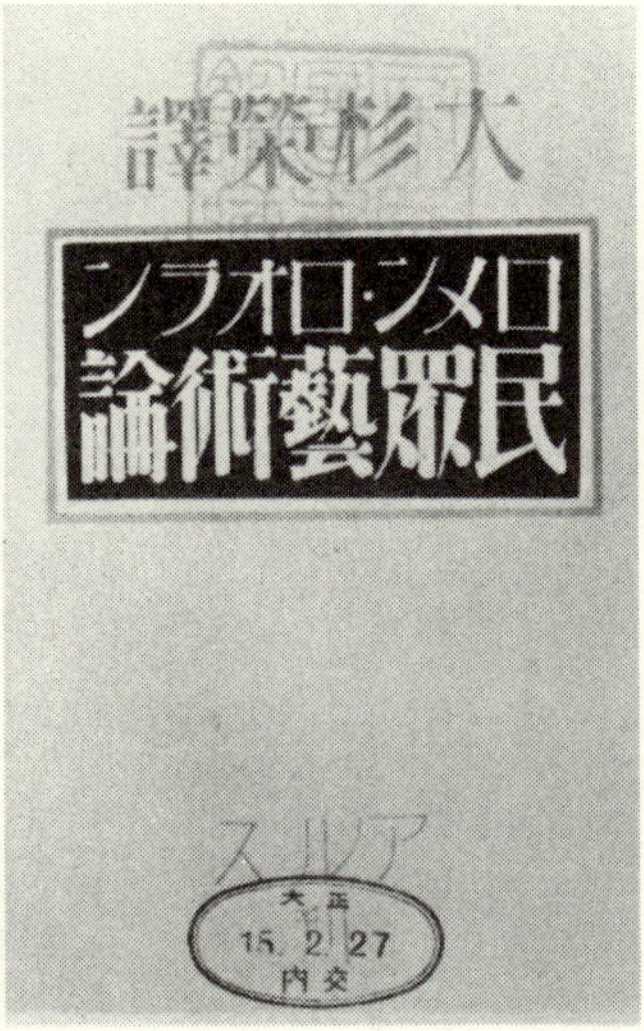

大杉の翻訳した『民衆芸術論』

大杉は民衆芸術論争を一過性のブームに終わらせたくないと真剣に思ったから、あえて積極的に論争に加わった。

「僕は、あくまでこの問題は、いつものような文壇の流行品扱いを避けさせたい。民衆芸術は、ロマン＝ローランの言ったように、流行品ではない。ディレッタント等の遊びではない。また、新しき社会のその感情の、その思想の、やむにやまれぬ表現であるとともに、老い傾いた旧い社会に対するその闘争の機関である、ばかりでない。ロマン＝ローランが起草した民衆劇場建設の檄《げき》にもあるように、この問題は実に、民衆にとっても芸術にとっても、死ぬか生きるかの大問題である。」（「新しき世界のための新しき芸術」）

「死ぬか生きるかの大問題」という表現について大杉は、「大げさなことを言う」と笑う人がいるのを予想している。そういう人は民衆芸術というテーマについて我物顔で、知ったかぶりで議論していた人なのだ。そういう人を吹っとばすためにも大杉は、民衆芸術論争を一時の流行ではなくて、労働者と民衆のために新しい芸術を創造しなければならないと決意していた。

では、大杉のいう民衆芸術とはどういう性質のものでなければならないのか？

民衆の芸術ということですぐ出てくる典型的な誤解は、現在の芸術を、たとえば分かりやすい演出や安い料金で民衆に提供する、といった種類のものだ。これは民衆を馬鹿にした、傲慢なものである。民衆は一時的には満足するかもしれないが、芸術そのものは満足しない。先に引用した文章で大杉がいうように、「この問題は実に、民衆にとっても芸術にとっても、死ぬか生きるかの大問題」なのだ。

「われわれの目的とするところは、平民の善ばかりではない、また芸術の善である。人間の魂の偉大である。人間のあらゆる創造の力で、しかもこの創造があって初めて生命に値打ちがつくのであるが、われわれは芸術を限りなく崇拝するものである。
われわれは血の気のない芸術に生気を与え、その痩せ衰えた胸を太らせて、民衆の力と健康とをその中にとり入れさせようというのだ。われわれは人間の魂の栄誉を民衆のために使おうと言うのではない。民衆をわれわれと一緒に、この栄誉のために働かせようと言うのだ。」(「新しき世界のための新しき芸術」)

大杉の言いたいことが、すこしずつ姿をあらわしてくる。
大杉は民衆芸術の条件として三つのことをあげた。

①娯楽であること――「一日の労働に疲れた労働者のための、肉体上および精神上の休養でなければならない」

②元気の源であること――「民衆を休息させつつさらに翌日の活動に適せしめるようにしなければならない」

③理知のための光明であること――「労働者はその肉体は働いているが、その思想は大抵休んでいる。この思想を働かせることが肝心なのだ。そして少しでもその思想を働かせることができてくると、それは労働者にとって快楽にさえなるのだ。しかし、民衆をただ考えさせ働かせる状態におくだけで、いかに考え、いかに働くべきかを教えてはいけない。」(三項目すべて「新しき世界のための新しき芸術」から)

民衆芸術のためには、まず民衆を

民衆芸術は民衆だけの問題ではない、芸術の問題でもある――これが大杉の民衆芸術論の基本の姿勢だ。だから、こういうことになる――民衆芸術の目標は芸術上の努力だけでは解決しない、社会運動と連関した運動でなければならない。

大杉はイタリアの革命家マッツィーニの言葉を引用する。

「かつて私はこう思った。芸術があるためには、まず国民がなければならないと。当時のイタリアにはそのいずれもなかったのだ。祖国もなく自由もないわれわれは芸術を持つこともできなかった。さればわれわれはまず、『われわれは祖国を持つことができるだろうか』という問題に献身して、この祖国に建設することに努めなければならなかったのだ。かくてイタリアの芸術はわれわれの墳墓《ふんぼ》の上に栄えるのだ。」（「新しき世界のための新しき芸術」）

民衆芸術が栄えるためには、その芸術の提供者であり、演出者であり、かつ観客でもある民衆そのものをつくることと不可分の関係にある。

マッツィーニの言葉をうけて、大杉は自分の言葉で語る。

「われわれもやはり言おう。諸君は民衆芸術を欲するのか。しからば、まず民衆そのものを持つことから始めよ。その芸術を娯《たの》しむことのできる自由な精神を持っている民衆を。容赦のない労働や貧窮に蹂《ふ》みにじられない、ひまのある民衆を。あらゆる迷信や、右党もしくは左党の狂信に惑わされない民衆を。そして、目下行われつつある抗争の勝利者たる民衆を。

ファストは言った。『初めに行為あり』と。」(「新しき世界のための新しき芸術」)

この「新しき世界のための新しき芸術」という文章は「早稲田文学」に発表されたが、非常に奇妙な反応をまきおこした。その一つの例は西宮藤朝という人の疑問で、この人は「文章世界」という雑誌に「民衆芸術論の出発点」なる論文を発表し、「民衆芸術の問題は純粋の芸術に属するのか、あるいは社会問題に属するのか」と大杉に迫ったのである。

西宮には、民衆芸術は労働者の闘いによって実現するものだということがまったく理解できなかった。

西宮だけではない。文壇のなかにどっぷりと座って、手あたり次第に流行のテーマを論じている職業的評論家には、民衆芸術論もまた流行のテーマのひとつにすぎないのだ。だから、民衆芸術は純粋芸術なのかそれとも社会問題なのかという、じつに見当はずれの応対しかできない。

大杉としては、「わかっちゃいない！」と怒鳴りつけたい心境だったろうが、それを言ってしまうと民衆芸術論が一時の流行のままで終わってしまうから、あくまで根気よく論争をつづけていた。

「僕の言う民衆とは平民労働者である。その現社会における自己の地位、自己の使命、自己の力量を自覚した、新社会建設の中心人物たる平民労働者である。

民衆芸術とはこの平民労働者が代表する新勃興階級の芸術である。その『やむにやまれぬ表現である。その言葉である。そしてまた、危機の際の自然の勢いとして、凋落《ちょうらく》しかかっている

老衰した旧社会に対する闘いの一武器である』。」(「民衆芸術の技巧」。括弧内はロランの言葉)

「平民労働者の成就せんとする革命は政治組織や経済組織の革命ばかりではない。社会生活そのものの革命である。人間生活そのものの革命である。人間の思想と感情、およびその表現の仕方の革命でもある。」

労働者の文学とは何か

大杉の民衆芸術論は文学の分野でわずかに花が咲いたといえる。情熱をこめた論争の結果としては淋しいといわねばならないかもしれないが、芸術の問題を量で測るべきではない、あくまでも質の問題である。

中西伊之助、宮嶋資夫《すけお》、宮地嘉六《かろく》、小川未明《みめい》、江口渙《かん》、加藤一夫などが大杉の民衆芸術論に刺激されて登場してきた新しい文学者である。彼等のほとんどは労働をしながら小説や評論を書いていた者で、「労働者による、労働者のための、労働者の芸術」という民衆芸術の条件のうちの一つには合格している。

では、その作品はどうであったか、大杉はどう評価していたか?

「労働運動と労働文学」という大杉の文章は、さきにあげた労働者出身の文学者たちの作品を紹介、批評しつつ、「何よりもまず、労働運動の行為の中へはいって行こう。これがいっさいを産む母なのだ」という基本の姿勢を主張したものである。

「まず一番目につくのは実際みな、ずいぶんまずいことだ。これは僕の目にばかりじゃない、誰の目にでもつくものと見えて定評のようだ。そしていわゆる労働文学家は、それに対して、まずいのは当り前だ、ブルジョワの文芸評論家なぞにうまく見られて堪《た》まるもんか、というようなことを言っているようだ。が、これはどうも負けおしみのようだ。プロレタリアが読んだって、うまいとか面白いとかいうものは、まだ一つもないようだ。」

大杉は民衆芸術のレベルが高くなってほしいと希望しているから、いい加減な妥協はしないと決意していたようだ。

それから大杉は、いわゆる労働文学者一人ひとりの簡単な批評にはいる。

「赭土《あかつち》に芽ぐむもの」という作品を書いたのは中西伊之助だが、労働運動者としての中西は大杉の目には軽蔑さるべきものとしてしか映っていなかった。その中西が長編小説を書いたというので大杉はいささかの驚愕をもって読みだしたのだが、はじめは期待を裏切られる驚愕の連続だった。

「あのいい気な男が、征服者たる日本人として朝鮮にいて、虐げられている朝鮮人の心の中を、どうしてこんなにしっかりと捉《つか》むことができるのかと不思議に思った。」

中西にたいする考えを変えなくてはならないかなと思っているうちに、著者の中西らしい日本人がでてきて、大杉は急にイヤになってしまった。その日本人が登場するところを飛ばしながら、一週間ばかりかかって読みおえた。

「あの朝鮮人は、伊之助君が長い間の朝鮮での生活の間に得た、よほど深い印象なのだ。が、あの日本人は、伊之助君自身がいい気になって自分を理想的に想像しながら書いて行った作りものなのだ。

自分をしっかりと描くことのできない奴に、ろくな奴のある筈はないということに幾分かの理屈はあるまいか。」

その次は宮嶋資夫である。

宮嶋は小学校を卒業しただけでいろいろな労働を経験し、大杉と荒畑の雑誌「近代思想」に接近してからアナキズム系統の労働運動で活躍した。そういう経過があるから、大杉としてもおおいに期待していた。

宮嶋の処女作で代表作の「坑夫」は大正五（一九一六）年に近代思想社から大杉の序文つきで刊行され、ただちに発売禁止になったという因縁がある。

まず大杉の序文をよんでみる。

「君（宮嶋）はなお、金次（「坑夫」の主人公）の持たない、ある特性を持っていた。それは、君が君自身の強烈な生活本能と叛逆本能とを発揮しつつあった間に、その結果についての考察を忘れなかったことである。すなわち盲目的行為の間に、同時にまた、強烈な知識本能をも動かしていたことである。君は実に、信者のごとく行為しつつ、懐疑者のごとく思索しつつあったことである。そしてこのことは、金次が単なる――とは言ってもかなりに複雑な心理は持っているのだが――乱暴者として世を終ったのに反して、君がついにアナキズムにまで到達した主因だろうと思われる。かつそこまで到達しなければ、本当に金次の心持を理解することはできないのである。」

労働者は絶望し、反逆し、抵抗する。

労働文学はその絶望や反逆や抵抗を主なテーマとしてあつかう。

しかし大杉は、それだけでは満足できないのである。絶望・抵抗・反逆のなかに希望を見出さなければ満足しない。そうでなければ労働文学の存在は意味がないと考えていた。

「労働文学というのは、僕はロマン＝ローランとともに、次のようなものと心得ている。

――今や、旧社会はその繁栄の絶頂を超えて、すでに老朽の坂を降《くだ》りつつある。あるいはすでに瀕死の状態にあるものと見てもいい。そしてその廃墟の上に、民衆（労働者）の新しき社会が新たに勃興せんとしつつある。

ロマン＝ロラン（1914年）

――この新勃興階級（プロレタリア）はそれ自身の芸術を持たねばならない。（略）もしこの芸術ができなければ、生きた芸術はないのだ、プロレタリアは死んで行くのだ。

プロレタリアは力と生気とに充ちた新勃興階級なのだ。それをブルジョワジーの屑のへなへなの知識階級が、のらくらの文士が、教化しようの指導しようのとは、ちゃんちゃらおかしい。」

（「労働運動と労働文学」）

労働文学を「労働者の文学」ととらえると時間を停止させてしまう。「労働者の文学」ではなく、新時代の新社会をつくる芸術としての文学なのだ。

そういう重い任務をもつ労働文学だからこそ大杉は、「坑夫」以後の宮嶋やその他の労働者作家にきびしい注文をつけるのである。

「伊之助君の朝鮮には絶望があるだけで希望はない。そしてその日本人には、希望はあるが、誠実はない。資夫君の労働者にも、絶望はあるが、希望はない。正義を愛して不正不義を憎む感情は人一倍強いのだが、その感情をどうして生かして行こうかということについては、明るい希望をちっとも持っていない。そしていつも暗い絶望と感傷主義とから自暴自棄に陥って行く。

資夫君は長い間いろんな労働に従って、いろんな労働者を見て来た。が、資夫君の労働者はまだ労働運動を知らない一と昔前の労働者だ。そしてそのことはかなりよく描かれているのであるが、いつもそれにつき纏《まと》っている感傷主義が作そのものの全体の上にもまた描写の上にもひどくたたっている。

新しい労働者はこの絶望や感傷主義を打ち破って出て来たものだ。」

大杉の民衆芸術論が、どれほどの効果をあげたか——ある作品が拍手喝采で迎えられたとか、ベストセラーになったとか、そういう基準でいうならば大したことはなかったというしかない。しかし、そんなことはどうでもいいことなのだ。大杉が民衆芸術を唱え、それに応じて宮嶋資夫のような作家が登場してきた、このちいさな事実を大切に評価したいと思う。

最後に、ロマン＝ロランの言葉のうちで大杉がもっとも感銘をうけていたと思われる言葉を引用してこの本をしめくくりたい。

「民衆芸術は芸術にも民衆にも死活の問題である。もし芸術が民衆を容れなければ芸術はその代表する社会とともに滅亡しなければならない。もし民衆が芸術の道を見出さなければ人類は堕落してその運命を擲《なげう》たなければならない。」

あとがき

労働者、無産階級、プロレタリアートなどといった言葉は若い読者には縁が遠いものに思えるかもしれない。しかしこれらは、現代日本人の考現学的先祖なのだ。

アナキズムとはいったい何であるのか、この本を読んでかえって分からなくなったという感想をおもちの人もあるだろう。それでもぼくは別に悲観しない。アナキズムとはこれこれである、といった明快な説明のほうがかえって疑わしいかもしれないからだ。

ただひとつの願いは、本文でも強調しておいた大杉の「動機にも自由あれ」という言葉だけは記憶にとどめていただきたい、ということ。アナキズムを理解するのにもっとも有効なキーワードだ。

大杉はアナキズムを実現しようと奮闘していたわけではない。人間が本当の人間になることは必要であり、それはアナキズムでなければ実現しないということを主張したのだ。

社会主義国家におこっている最近の民主化運動は大杉のロシア革命批判の正しさを証明するものである。しかし、これをもって社会主義革命そのものが人間の理想社会とは逆の方向に進むものだと見てしまうのは短絡思考である。大杉は、ロシアの社会主義革命は悪い方向に進んでしまったということを主張したのである。

自由がなければ、そこに生きている人間は実は生きてはいない——これは厳しい真理だ。自由への渇望をもっとも強烈に表現する手段としては、アナキズムは人類が発見したいろいろな思想のなかで最高のものだ。

自由を求めるのも困難なことだが、自由な人間として生きるのはそれ以上に困難なことである。しかし、それでも自由のない人間として生きるよりは楽しいじゃないか——大杉とその仲間たちはこう言いながら精いっぱい奮闘してみせた。

大杉たちの活躍をみていると、これは神によって特別に選ばれた少数者ではないかという感じがしてくる。それほど彼らの生き方はユニークだった。

彼らが神に選ばれた少数者であるはずはないが、選ばれたという事実は否定できない。彼らは自分で自分を選んだのだ。本当の人間をつくる材料として自分を選んだのである。

そういう意味ではアナキズムは文字どおりの個人主義だ。

アナキストは自分で自分を選ぶが、それと同時に、他人が他人自身を選ぶ自由を認め、激励し、歓迎する。そういう意味でアナキズムは内容が豊かで柔らかい個人主義だ。

ぼくは修士論文のテーマに大杉栄をとりあげ、やや認められたという体験がある。

若かったから、全編これ興奮と感激とで書きあげた論文だという印象がのこっていて、いつかもう一度、大人の目でみた大杉栄を書いてみたいと思いつづけてきた。その一方では、大杉やアナキズムにたいする感激が消えてしまうこともありうるから、そのときには絶対に書いてはいけないと自分を戒めてきた。

この「人と思想」シリーズに大杉をテーマにして一冊書かないかとの連絡をうけたときに、俺はまだ大杉とアナキズムに感動するであろうかと、ひそかにぼく自身の胸のうちを打診してみたのである。

反応は強烈だった。

執筆にとりかかる前も、いざ書きだしてからも、快い興奮は消えなかった。チャンスに感謝する。

一九九一年一月　　　　高野　澄

大杉　栄年譜

年譜	年号	年齢	年譜	参考事項
一八八五	明治一八		1月17日、香川県丸亀で父大杉東《あずま》、母豊《とよ》の長男として生まれる。戸籍では5月17日生となっており、本籍は父方の愛知県海東郡越治村大字宇治、生後まもなく父の転任で東京の番町に移る。	4月、天津条約を結ぶ。11月、大阪事件がおこる。
八七	二〇	2	3月、妹春が生まれる。	12月、保安条例の公布。
八九	二二	4	11月、妹菊が生まれる。12月には父の転任により、新潟県新発田《しばた》へ移る。	大日本帝国憲法の発布。第二インターナショナル成立。
九〇	二三	5	弟伸《のぶる》が生まれる。	教育勅語の発布。
九一	二四	6	4月、新発田本村の尋常小学校に入学する。	
九二	二五	7		11月「万朝報《よろずちょうほう》」が創刊。
九三	二六	8	3月、妹松枝が生まれる。	
九四	二七	9	12月、父東が出征する。弟勇、生まれる。	7月、日清戦争（〜九五）
九五	二八	10	4月、尋常高等小学校へ進む。	
九七	三〇	12	1月、弟進が生まれる。4月、高等小学校より新発田中学校に入学する。	足尾鉱毒被害農民が、東京で請願行動。

一八九八	明治三一	13	陸軍幼年学校の試験を受けるが落第する。夏には初めて東京・名古屋・大阪へ一人旅をする。10月、妹秋が生まれる。	幸徳秋水が「万朝報」へ入社する。
九九	三二	14	4月、名古屋の陸軍幼年学校に入学する。	
一九〇〇	三三	15	6月、妹アヤメが生まれる。	3月、治安警察法が公布。
〇一	三四	16	4月、男色事件で30日間の禁足処分を受ける。以後ノイローゼ気味となる。11月、学友と格闘し重傷を負う。新発田へ帰り退校を願い出たが認められず、退学処分となる。	5月、社会民主党結成。3日後には結社禁止処分。12月、田中正造が足尾鉱毒事件で天皇に直訴。
〇二	三五	17	1月、東京学院(予備校)に入学、牛込矢来町に住む。6月、母豊が卵巣腫瘍のため死去する。10月、順天中学校五年に編入。本郷会堂で海老《えび》名《な》弾《だん》正《じょう》の説教を聞き、キリスト教の洗礼を受ける。	日英同盟の締結。
〇三	三六	18	9月、外国語学校仏語科に入学する。父東が福島に左遷される。冬、平民社を訪れる。以後平民社の活動を手伝いながら学校へ行く。	開戦論に転じた「万朝報」を幸徳秋水・堺利彦らが退社する。11月「週刊平民新聞」が創刊。
〇四	三七	19	父東が出征する。	日露戦争（〜〇五）
〇五	三八	20	7月、外国語学校仏語科(選科)を卒業する。週刊「平民新聞」、「直言」と続けて廃刊され、10月、	第一次ロシア革命がおこる。

一九〇六	明治三九	21	平民社解散する。 卒業後から陸軍大学教官をめざし就職活動。 3月、電車賃値上げ反対運動に参加し、東京監獄に収容、6月に保釈される。就職を断念する。 9月、堀保子と結婚し市ヶ谷田町に住む。 11月「新兵諸君に与う」これにより起訴される。	2月、日本社会党の結成。 8月、呉海軍工廠でストライキがおこる。
〇七	四〇	22	2月「欧州社会党運動の大勢」を書く。 3月「青年に訴う」これにより起訴される。 5月巣鴨監獄に入獄し、11月に出獄する。	1月「日刊平民新聞」創刊。 2月、足尾銅山で大暴動。
〇八	四一	23	1月、屋上演説事件により検束、巣鴨監獄に入獄し、3月に出獄する。 6月、赤旗事件により再び検束され懲役2年6ヶ月が科せられる。千葉監獄に9月、入獄する。	7月、第一次西園寺《さいおんじ》内閣が総辞職する。
〇九	四二	24	●ムーア『万物の同根一族』有楽社 11月、服役中に父東が死去する。	
一〇	四三	25	11月、千葉監獄より出獄し大久保百人町に移る。売文社に参加する。	6月、大逆事件おこる。幸徳秋水らが逮捕される。
一一	四四	26		1月、大逆事件の判決が下り秋水ら12名が死刑。
一二	四五	27	10月、荒畑寒村とともに「近代思想」を創刊する。	労働社団体の友愛会が結成。

一九一三	大正 元　二	28	7月「サンジカリズム研究会」を神田で開く。 10月、肺結核のため2ケ月ほど病床につく。	第一次憲政擁護運動おこる。 2月、大正政変がおこり桂内閣が倒れる。
一四	三	29	2月、鎌倉坂ノ下へ転地するが5月には大久保百人町に移る。 9月、「近代思想」を廃刊し、翌月、月刊「平民新聞」を創刊する。このころ伊藤野枝と知りあう。 月刊「平民新聞」は4号を除き毎号発売禁止となり、翌年3月には廃刊。 ●『生の闘争』、ダーウィン『種の起源』新潮社 ル=ボン『物資非滅論』実業の世界社	シーメンス事件おこる。 第一次世界大戦（〜一八）
一五	四	30	「サンジカリズム研究会」を「平民講演会」と改める。 9月、小石川武島町に移り、10月には「近代思想」を復刊する。1号以外は発禁処分となる。 12月逗子へ転居。6月ころからはじめた「仏蘭西文学研究会」に来ていた神近市子と恋愛関係となる。 ●『社会的個人主義』新潮社	
一六	五	31	1月、「近代思想」を廃刊する。 2月、伊藤野枝と恋愛関係となり、4月には野枝が	吉野作造が民本主義を提唱。 6月、友愛会婦人部が創設

			夫辻潤の家を出る。これ以後複雑な女性関係のため、新聞雑誌などで非難される。10月には本郷の菊富士ホテルに移り野枝と住む。11月、葉山日蔭茶屋で神近市子に刺される。 ●『労働運動の哲学』東雲堂 ルトゥルノー『男女関係の進化』春陽堂	9月、工場法が施行される。
一九一七	大正六	32	1月、妻堀保子と離別。 9月、伊藤野枝との間に長女魔《ま》子が生まれる。このころ巣鴨宮仲へ移り、12月には亀戸へ転居。 ●クロポトキン『相互扶助論』春陽堂 ロマン＝ロラン『民衆芸術論』阿蘭陀書房	衆議院総選挙に堺利彦が立候補する。 ロシア2月革命・10月革命がおこりソヴィエト政権が樹立。
一八	七	33	1月、野枝とともに「文明批評」を創刊するが4月には廃刊する。 5月、和田久太郎・久板卯之助とともに「労働新聞」を創刊。しかし和田・久板が投獄され、7月には廃刊となる。 ●「正義を求める心」「僕は精神が好きだ」(など「文明批評」)	8月、シベリア出兵を契機に米価が高騰。各地で米騒動おこる。 11月、ドイツ革命
一九	八	34	北風会を結成し、演説会打ちこわしの闘争をはじめる。このころ東京市内を転々と移り住む。	三・一独立運動、五・四運動などがあいついでおこ

			10月、「労働運動」を創刊する。 12月、巡査殴打事件により豊多摩監獄へ入獄。次女エマ（後に幸子と改名し妹松枝の養女となる）誕生。 ●『獄中記』春陽堂	る。 コミンテルンが創立される。
一九二〇	大正　九	35	3月、豊多摩監獄から出獄、翌月鎌倉に転居する。 6月、「労働運動」を廃刊する。 10月、上海へ密航し極東社会主義者会議に出席、11月末帰国するが肺結核を再発する。 ●『クロポトキン研究』（野枝と共著）アルス 『乞食の名誉』（野枝と共著）聚英閣 クロポトキン『革命家の思出』春陽堂	森戸事件がおこる。 2月、官営八幡製鉄所の職工がストライキ。 5月、第1回メーデーが上野公園で行われる。
二一	一〇	36	1月、第二次「労働運動」を創刊するが、ボルシェビキ派との対立のため、6月には廃刊となる。 3月、三女エマが生まれる。夏ごろから「自叙伝」の執筆にかかる。 12月、第三次「労働運動」を創刊する。 ●『悪戯』、『正義を求める心』アルス ムーア『人間の正体』三徳社	労働組合同盟会が分裂する。 ロシア新経済政策を発表する。 中国共産党が成立する。
二二	一一	37	2月、八幡製鉄所でストライキ二周年を記念して、有楽館で演説する。	日本共産党が極秘裏に結成。 イタリアでファシスト政権

一九二三

大正一二

38

6月、四女ルイズ誕生。

9月、日本労働組合総連合の創立大会のため大阪へ行くが、大会は分裂して流会となる。

12月、ベルリンでの国際アナキスト大会出席のため日本脱出をはかる。
●『二人の革命家』（野枝と共著）、『漫文漫画』（望月桂と共著）アルス
『無政府主義者の見たロシア革命』叢文閣
『革命の失敗』労働運動社
ファーブル『昆虫記』叢文閣
フランスに到着後、ドイツへの入国をはかるが果たせず、5月パリ郊外のサン-ドニでのメーデー集会で演説し逮捕される。ラ-サンテ監獄に入獄。
6月フランスを追放となる。
7月には帰国する。
8月、淀橋町柏木に転居し、長男ネストル誕生する。
9月、大震災の混乱のなか、甥の橘宗一、伊藤野枝とともに麹町憲兵隊に拘引虐殺される。
11月、甘粕大尉に軍法会議の判決下る。
12月、3人の合同葬儀が谷中斎場で行われる。

が成立する。


6月、第一次共産党事件がおこり、党員80人余が検挙される。

9月、関東大震災がおきる。人々の恐怖心が多くの流言を広め、このため朝鮮人が多数虐殺される。

●『自叙伝』改造社
『日本脱出記』アルス
ファーブル『自然科学の話』（安成二郎と共訳）・
『科学の不思議』（野枝と共訳）アルス

参考文献

●大杉栄の著作

『大杉栄全集』(全一〇巻)　第一〇巻は『伊藤野枝全集』――アルス社　一九二六
――復刻版　世界文庫　一九五一
『大杉栄全集』(全一四巻)――現代思潮社　一九六五
『ザ・大杉栄――大杉栄全一冊』――第三書館　一九八六
雑誌「近代思想」――復刻版　地六社　一九六三

●大杉栄に関する参考文献

大沢正道『大杉栄研究』――同成社　一九六八
――法政大学出版局　一九七一
多田道太郎　責任編集『大杉栄』(「日本の名著46」)――中央公論社　一九六九
秋山清『大杉栄評伝』――思想の科学社　一九七六
竹中労／文・貝原浩／画『大杉栄』――現代書館　一九八五

●その他本書に関する参考文献

久津見蕨村『無政府主義』(『久津見蕨村集』)――平民書房　一九〇六
和田久太郎『獄窓から』――労働運動社　一九二七

荒畑寒村『寒村自伝』――論争社　一九六〇
山川　均『山川　均自伝』――岩波書店　一九六一
松田道雄　責任編集『アナーキズム』（「現代日本思想体系」16）――筑摩書房　一九六三
煙山専太郎『近世・無政府主義』――明治文献　一九六五
E・H・カー『バクーニン』（上・下）大沢正道記――現代思潮社　一九六五
ヴォーリン『知らざれる革命――クロンシュタット反乱とマフノ運動』野田茂徳・野田千香子訳――現代思潮社　一九六六
猪木正道・勝田吉太郎　責任編集『プルードン、バクーニン、クロポトキン』（「世界の名著」42）――中央公論社　一九六七
D・ゲラン『現代のアナキズム』江口　幹訳　三一新書――三一書房　一九六七
H・ハード『アナキズムの哲学』大沢正道訳――法政大学出版局　一九六八
G・ウドコック『アナキズム』（I・II）白井　厚訳――紀伊国屋書店　一九六八
D・ゲラン『現代アナキズムの論理』江口　幹訳　三一新書――三一書房　一九六九
近藤憲二『一無政府主義者の回想』――平凡社　一九七一
向井　孝『山鹿泰治――人とその生涯』――青蛾房　一九七四
逸見吉三『墓標なきアナキスト群像』――三一書房　一九七六
玉川信明『中国の黒い旗』――昌文社　一九八一
宮嶋資夫『宮嶋資夫著作集』――慶友社　一九八三
小松隆二『大正自由人物語――望月桂とその周辺』――岩波書店　一九八八

さくいん

【人名】

【事　項】

大杉栄《おおすぎさかえ》■人と思想91　　定価はカバーに表示

1991年11月15日　第1刷発行©
2016年5月25日　新装版第1刷発行©

・著　者 ……………………………… 高《たか》野《の》　澄《きよし》
・発行者 ……………………………… 渡部　哲治
・印刷所 ……………………………… 広研印刷株式会社
・発行所 ……………………………… 株式会社　清水書院

〒102-0072　東京都千代田区飯田橋3-11-6
Tel・03(5213)7151～7
振替口座・00130-3-5283
http://www.shimizushoin.co.jp

CenturyBooks

Printed in Japan
ISBN978-4-389-42091-8

CenturyBooks

清水書院の〃センチュリーブックス〃発刊のことば

近年の科学技術の発達は、まことに目覚ましいものがあります。月世界への旅行も、近い将来のこととして、夢ではなくなりました。しかし、一方、人間性は疎外され、文化も、商品化されようとしていることも、否定できません。

いま、人間性の回復をはかり、先人の遺した偉大な文化を継承して、高貴な精神の城を守り、明日への創造に資することは、今世紀に生きる私たちの、重大な責務であると信じます。

私たちがここに、「センチュリーブックス」を刊行いたしますのは、人間形成期にある学生・生徒の諸君、職場にある若い世代に精神の糧を提供し、この責任の一端を果たしたいためであります。

ここに読者諸氏の豊かな人間性を讃えつつご愛読を願います。

一九六七年

SHIMIZU SHOIN